Schritte ins Ungewisse

Nils Spitzer
Schritte ins Ungewisse
Wie sich Ungewissheit im Leben besser aushalten lässt

Nils Spitzer
Gladbeck, Nordrhein-Westfalen
Deutschland

ISBN 978-3-662-61137-1   ISBN 978-3-662-61138-8   (eBook)
https://doi.org/10.1007/978-3-662-61138-8

Die Deutsche Nationalbibliothek verzeichnet diese Publikation in der Deutschen Nationalbibliografie; detaillierte bibliografische Daten sind im Internet über http://dnb.d-nb.de abrufbar.

Fotonachweis Umschlag: © fotoduets/Adobe Stock (Symbolbild mit Fotomodell)

Planung: Monika Radecki
Springer ist ein Imprint der eingetragenen Gesellschaft Springer-Verlag GmbH, DE und ist ein Teil von Springer Nature.
Die Anschrift der Gesellschaft ist: Heidelberger Platz 3, 14197 Berlin, Germany

Vorwort

Wie gut kommen Sie eigentlich mit dem *Ungewissen* zurecht? Mit all den Mehrdeutigkeiten und Unsicherheiten, wie sie den ganzen Alltag durchziehen. Ungewissheit bedeutet, nicht genau zu wissen, was kommt. Und der Ausbruch des Coronavirus hat noch einmal deutlich gemacht, wie unberechenbar die Zukunft sein kann. Ungewissheit nimmt dabei häufig die Gestalt von Fragen an: Stecke ich mich beim Einkaufen mit dem neuen Virus an? Kommt der Zug pünktlich? Wird die chronische Krankheit im nächsten Jahr weiter fortschreiten?

Ist Ihnen also möglicherweise nicht ganz wohl bei der Vorstellung in ungewisse Situationen zu geraten? Dann sind sie in guter Gesellschaft. Die meisten Menschen wünschen sich eine verlässliche Welt, eine Welt ohne unvorhersehbare Risiken. Zwar gibt es auch die schönen Ungewissheiten – nicht zu wissen, wie ein Film oder ein Spiel ausgeht ist eher angenehmer Nervenkitzel als beunruhigende Erfahrung. Trotzdem herrscht insgesamt eher eine allgemeine Risikoscheu. Das Ungewisse lässt sich nur leider nicht komplett vermeiden. Alle Menschen stehen täglich vor einer komplizierten Herausforderung: Wie ist ein angenehmes Leben möglich in einer ungewissen Welt?

Die Fähigkeit, sich mit dem Ungewissen zu arrangieren, ist dabei sehr unterschiedlich ausgeprägt: Manche Personen werden mit Ungewissheiten recht gut fertig, während andere sie als sehr unangenehm empfinden und sich durch ungewisse Umstände schnell bedroht fühlen. Sind die Schwierigkeiten im Umgang mit dem Ungewissen sehr ausgeprägt, dann spricht man in der Psychologie von einer *Intoleranz gegenüber Ungewissheit*. Davon handelt dieses Buch … und davon, wie sie zu überwinden ist.

Bei einer solchen *geringen Ungewissheitstoleranz* leiden die Betroffenen in ungewissen Situationen unter quälenden Ängsten, ausgeprägtem Sorgenmachen und anstrengendem Vergewisserungsverhalten. Sie betreiben z. B. eine endlose Informationssuche, wo eigentlich schnelle Entscheidungen gefragt sind, sie sichern sich bei anderen durch ständiges Fragen ab oder fahren eine unbekannte Strecke bereits vorher mehrmals mit dem Auto ab. Auch die Liste psychischer Erkrankungen, die mit Intoleranz gegenüber Ungewissheit verbunden sind, ist inzwischen beeindruckend lang: die generalisierte Angststörung und die Zwangsstörung sind nur die beiden bekanntesten Beispiele. Schließlich zeigen chronische körperliche Krankheiten mit ihrem oft sehr ungewissen Verlauf ebenfalls, wie essentiell die Fähigkeit ist, mit dem Ungewissen gut koexistieren zu können.

Dieser Ratgeber informiert über den neuesten Stand der psychologischen Forschung zum Umgang mit ungewissen Situationen und besonders zur geringen Ungewissheitstoleranz: Was versteht man in der Psychologie heute darunter? Welche unterschiedlichen Formen gibt es? Wie hängen diese mit körperlichen und seelischen Belastungen bis hin zu psychischen Krankheiten zusammen? Er bietet vor allem ein *detailliertes Selbsthilfeprogramm,* um die eigene *Intoleranz gegenüber Ungewissheit* zu überwinden. Zum Abschluss finden sich zudem noch Überlegungen und Übungen, die über eine gut ausbalancierte Ungewissheitstoleranz hinausgehen und drei alternative Haltungen bezüglich des Ungewissen zum Ausprobieren anbieten … es sind Einladungen, die Sache mit dem Ungewissen einmal ganz anders zu sehen.

Das Buch richtet sich an alle Personen, denen die Ungewissheiten im Alltag besonders zusetzen und die dies verändern wollen. Es lohnt sich aber auch für Psychotherapeuten und Berater, die an einen Überblick über das noch relativ unbekannte Thema der Ungewissheitstoleranz interessiert sind. Es ist daher hoffentlich als eigenständige Lektüre ebenso mit Gewinn zu lesen, wie als Begleitlektüre für eine Psychotherapie, in der der Umgang mit dem Ungewissen eine bedeutende Rolle spielt. In vielen Kapiteln finden sich *konkrete Beispiele,* um die einzelnen Aspekte geringer Ungewissheitstoleranz anschaulicher zu machen, und *konkrete Übungsaufgaben* für eine lebensnahe Auseinandersetzung mit den jeweiligen Inhalten.

Mein herzlicher Dank geht an Monika Radecki und Hiltrud Wilbertz vom Springer Verlag für ihre wie immer unermüdliche und kenntnisreiche Unterstützung, an Claudia Styrsky für ihre wunderbar anschaulichen

Zeichnungen und natürlich an meine Patientinnen und Patienten, die es mir überhaupt erst möglich gemacht haben, eine tiefergehende Vorstellung vom Umgang mit Ungewissheit zu gewinnen.

Essen   Nils Spitzer
Frühling 2020

Inhaltsverzeichnis

Über den Autor

Nils Spitzer, Dipl. Psych., M. A. (Soz. & NDL) ist Psychologischer Psychotherapeut (kognitive Verhaltenstherapie) in freier Praxis, Dozent, Autor zahlreicher Artikel und Mitherausgeber der Zeitschrift für Rational-Emotive & Kognitive Verhaltenstherapie. Neben Psychologie hat er Soziologie und Literaturwissenschaft studiert.

www.psychotherapeutische-praxis-nils-spitzer.de

1

Das Klare und das Unklare

Inhaltsverzeichnis

Fast alle Menschen schätzen *klare Verhältnisse*. Schon im Alltag ist es keine kleine Erleichterung, zu wissen, wie die Dinge liegen. Und wo. Im Supermarkt um die Ecke lässt sich eben schneller einkaufen, wenn man weiß, wo die Paprika liegen, und dass im dritten Gang links das Regal mit Nudeln und Reis ist. Ein paar nur noch halb bewusste Handgriffe und man hat alles beisammen, was man braucht. Alles geht schnell, der angenehme Eindruck einer Reibungslosigkeit des Lebens stellt sich ein. Es ist eben gut, die Laufwege zu kennen – und zu wissen, dass es morgen genauso sein wird, beruhigt nicht wenig.

Ist nach einem längeren Urlaub im gleichen Laden plötzlich alles nicht mehr an seinem Platz, der nahe Bäcker hat geschlossen und der Geldautomat eine Straße weiter ist abgebaut worden, dann wirkt das nicht nur lästig, sondern auch verstörend. Etwas bisher *Gewisses* ist verlorengegangen. Man

© Springer-Verlag GmbH Deutschland, ein Teil von Springer Nature 2020
N. Spitzer, *Schritte ins Ungewisse*, https://doi.org/10.1007/978-3-662-61138-8_1

weiß für einen irritierenden Moment nicht mehr, woran man ist. Ist das noch *meine* Welt?

Und selbst über möglicherweise unangenehme oder sogar gefährliche Dinge ist es irgendwie erleichternd, *Gewissheit zu erlangen:* Man will endlich die Blutwerte, um über die befürchtete Erkrankung wenigstens Gewissheit zu haben! Oder gar nichts von ihnen hören! Aber die *Ungewissheit* zwischen einem klaren Ergebnis und kompletter Unwissenheit wird oft besonders quälend erlebt.

Gewissheit

Gewiss ist etwas, das nicht nur gewusst, sondern *sicher gewusst* wird – es gibt nicht mehr den Hauch eines Zweifels. Ist eine Sache gewiss, dann ist sie klar … mit Überzeugung. Genau so ist es.

Gewissheiten helfen dabei, sich im Leben ohne große Umstände zurechtzufinden. Man weiß, was man erwarten kann, nicht nur im Supermarkt um die Ecke, sondern vor allem auch im zwischenmenschlichen Umgang – wie man sich anderen Personen gegenüber verhalten sollte und wie sich die anderen einem selbst gegenüber wohl benehmen werden. Und Menschen brauchen einen beachtlichen Grad an einer solchen Gewissheit im Leben.

Einflussreiche Soziologen und Psychologen sprechen hier auch von *Seinsgewissheit,* einer Art Urvertrauen, dass die Welt so ist, wie man sie eben kennt. Seinsgewissheit wird empfunden, wenn eine Person in Übereinstimmung mit ihren eigenen Erwartungen leben kann (Koppetsch 2018) – alles ist soweit klar.

1.1   Alles klar?

Ach, warum kann nicht alles einfach an seinem Platz bleiben? Es wäre doch fast schon wie im Paradies. *Ungewissheiten* sind oft genug vor allem eins – Zumutungen: Im Supermarkt sind vielleicht wirklich in die letzten Tagen die Waren umgeräumt worden, und das möglicherweise sogar mit Absicht. Und wegen den Blutwerten hat man auch bereits dreimal beim Arzt angerufen. Aber die Laborergebnisse sich einfach noch nicht da … man muss noch abwarten. Und die damit verbundene Ungewissheit aushalten.

Aber selbst dort, wo *Sicherheit* und *Gewissheit* versprochen werden, tut man oft gut daran, diesen Versprechungen mit einem gesunden Misstrauen zu begegnen. Der Euro ist sicher? Die Atomkraftwerke auch? Und die Renten erst Recht? Schon nach wirklich kurzem Nachdenken fällt auf: Das alles sind Wetten auf eine nie komplett bestimmbare Zukunft.

Beispiel

Herr Schrödinger liebt die Gartenarbeit. Gestern hatte er noch den Rasen hinterm Haus gemäht und das abgemähte Gras in der dafür vorgeschriebenen Tonne entsorgt. Manchmal schaut dann auch noch die Katze der Nachbarn vorbei und sieht ihm eine Weile zu. Das rundet für ihn die Behaglichkeit dieser Augenblicke noch ein kleines bisschen mehr ab.

Als er aber nachts noch einmal an das Gras denkt, ist ihm etwas daran plötzlich nicht mehr ganz klar. Die Katze hatte so verdächtig nah an der Abfalltonne gesessen. Dann war er eine Weile fortgewesen um das nächste Gras zu holen – und darauf war sie nicht mehr da. Hatte er vielleicht nicht mitbekommen, dass die Katze in der Zwischenzeit in die Tonne gesprungen war? Nein, nein, was für ein Quatsch! Ist doch gar nicht wahrscheinlich. Das hätte er doch gemerkt. Oder vielleicht doch nicht? Dann schreckt ihn eine weitere Erinnerung noch mehr auf: Zuletzt hatte er doch noch mit dem Spaten das Gras in der Tonne kräftig tiefer gedrückt. Wenn er dabei nun die Katze ... er mochte gar nicht weiter denken.

Nein, nein, da war sicher gar nichts. Aber ganz unmöglich war es doch nicht. Und wenn die tote Katze nun entdeckt wird und jemand meldet es dem Ordnungsamt? Oh Gott! Schließlich hält er die Ungewissheit einfach nicht mehr aus, zieht sich schnell einen Mantel über den Schlafanzug und schleicht sich in den Garten zur Mülltonne. Und natürlich, das hätte er sich ja denken können – da ist nur Gras.

Sich bei fast allen Dingen *Gewissheit* verschaffen zu können im Leben ist wohl eine Illusion. Das Leben beinhaltet letztlich viel weniger Gewissheit als angenommen wird. Daher ist es unabwendbar, sich mit dem Ungewissen irgendwie zu arrangieren. Schon um sich unnötige Belastungen zu ersparen: Womöglich könnte man sich sogar vorab Klarheit darüber verschaffen, wo nach dem Umräumen, nun die Waren im Supermarkt liegen. Man muss nur ein paar Nachbarn befragen, die dort schon Einkaufen waren, sich aus den Informationen ein Lageplan zeichnen und mit diesem dann endlich den Laden betreten ... aber vielleicht wäre es doch vernünftiger, *sich mit dem Ungewissen einzurichten,* einfach ohne genau Bescheid zu wissen hinzugehen und sich erst dort zu orientieren.

1.2   Das Ungewisse lauert überall

Wird mich die neue Viruserkrankung erwischen (ausgerechnet im umgeräumten Supermarkt)? Wird die Fabrik in den nächsten fünf Jahren geschlossen? Wird es ein Mädchen oder ein Junge? „Ungewissheit – ist ein wesentliches Element des Lebens" (Viertl und Yeganeh 2013, S. 271). Im Alltag sind alle Menschen immer wieder mit ungewissen Situationen konfrontiert. Was kommt in der Zukunft auf sie zu? Wie sollen sie sich nur entscheiden, wie handeln, wenn sie einfach nicht genau wissen, was die einzelnen Alternativen letztlich mit sich bringen werden?

Gerade das zweite lässt sich als *die Ursituation des Ungewissen* verstehen: Wir Menschen müssen im Alltag immer wieder Entscheidungen treffen, ohne genug Zeit, sich über alle Alternativen und ihre Folgen Gewissheit verschaffen zu können. Wie schafft man es nur, auch in ungewissen Situationen einigermaßen entscheidungs- und handlungsfähig zu bleiben? Wie sieht es zum Beispiel mit der Berufswahl bei Jugendlichen aus: Was willst du eigentlich mal werden? Das ist sicher eine der häufigsten Fragen, die sie sich anhören müssen – und dann geht es los: „Soll ich gleich studieren oder erst ein soziales Jahr machen? Soll ich Physik oder Musik studieren? Soll ich an eine Fachhochschule oder eine Universität? Soll ich überhaupt studieren? Und wenn ja: wo?" (Rosa 2019, S. 81). Und trotzdem müssen Menschen auch unter *ungewissen Umständen* weiterhin *Entscheidungen treffen* – das Leben muss schließlich weitergehen: Das Angebot für diese spezielle Kaffeemaschine gilt nur noch einen Tag (und man hat einfach nicht die Zeit, bis zum Abend noch wirklich alle anderen angebotenen Typen zu prüfen), die Abschlussarbeit muss noch in diesem Semester fertig werden (und bis dahin hat man bestimmt nicht alle Texte zum Thema gelesen, geschweige denn sie halbwegs gut durchdrungen).

1.2.1   Das Ungewisse als eine besondere Form des Unklaren

Alles Mögliche am menschlichen Leben kann einem seltsam unscharf vorkommen – die aktuelle Situation ist womöglich vage und widersprüchlich (Warum hat mich der Vorgesetzte gerade angerufen und zu sich bestellt?), Aspekte der Vergangenheit sind oft unklar (Wann genau bin ich eigentlich eingeschult worden?) oder Facetten der eigenen Person bleiben trotz aller Mühen schwer einzuschätzen (Bin ich extra- oder introvertiert?).

Ungewissheit lässt sich nun am besten als *eine besondere Form dieses Unklaren, Unbestimmten* verstehen.

Alle diese *Formen des Unklaren* teilen, dass hier etwas offen ist: Es gibt in ihnen einen Unordnung, etwas Widersprüchliches, Verworrenes oder Mehrdeutiges. Deshalb werden unklare Umstände auch häufig als ein Störfall empfunden: „Das Hauptsymptom der Unordnung ist das heftige Unbehagen, das wir empfinden, wenn wir außerstande sind, die Situation richtig zu lesen und zwischen alternativen Handlungen zu wählen" (Bauman 2005, S. 11).

Was nun *das Ungewisse* speziell auszeichnet, lässt sich gut anschaulich machen, wenn man es mit einer anderen in der Psychologie populären Form des Unbestimmten vergleicht – der *Ambiguität*. Eine hat einer Freundin eine Nachricht geschickt, aber diese hat sich darauf seit mehreren Tagen nicht gemeldet. Ein Vorgesetzter will seine Angestellte dringend sprechen, hat aber auf dem Anrufbeantworter einfach keinen Grund angegeben: Ambiguität bezeichnet die Mehrdeutigkeit einer aktuellen Situation, sie richtet sich also auf die Gegenwart. Man weiß die Lage daher nicht ganz klar zu deuten, wie bei diesem Motto eines Schützenvereins: „Schießen lernen – Freunde treffen" (Bauer 2018, S. 13).

Was die Ungewissheit nun von der Ambiguität unterscheidet, ist das *Zeitfenster des Unbestimmten*. Eigentliche Ungewissheit richtet sich auf Unklares in der Zukunft. Und die Zukunft entzieht sich sehr häufig der genaueren Kenntnis, denn sie ist ja einfach noch nicht da. Das Ungewisse ist hier wie eine Lücke in der Welt, ein weißer Fleck auf der Landkarte der Zukunft.

Beim Ungewissen kann man einfach keine klare Erwartung ausbilden, über das was kommt. Niemand weiß schließlich genau, wohin die Kugel rollt. Komme ich morgen mit dem Auto pünktlich zur Arbeit oder bleibe ich im Stau stecken? Wird sich die Viruserkrankung bei mir zu einer schweren Lungenentzündung entwickeln? Ist dieses plötzliche Herzklopfen der Beginn einer Panikattacke oder war der Kaffee heute früh einfach nur stärker als sonst?

Ungewissheit

Ungewissheit ist eine Form des Unklaren, die sich auf zukünftige Ereignisse oder Handlungsfolgen bezieht.

Manche Ungewissheiten beziehen sich dabei auf Sachverhalte, die Personen eher schicksalhaft und jenseits ihrer Handlungen zustoßen (Wird es morgen regnen?), dann wieder begegnet ihnen das Ungewisse gerade in Form unklarer Handlungsfolgen (Werde ich wohl morgen die Prüfung bestehen?). Mit den dabei immer wieder mental durchgespielten Möglichkeiten, oft in Form solcher Fragen, wird das Ungewisse auf brenzlige Weise spürbar.

Die verschiedenen *Formen des Unklaren* überlappen sich aber auf mehrere Weisen: Menschen, die sich unbehaglich mit einer unklaren Zukunft fühlen, erleben zum Beispiel auch Unbestimmtheiten in der Gegenwart schnell als störend. Außerdem lassen sich die verschiedenen Formen des Unklaren gar nicht so trennscharf auseinanderhalten: In dem Beispiel des Vorgesetzten, der seine Angestellte dringend sprechen will, aber auf dem Anrufbeantworter keinen Grund dafür hinterlässt, liegt zuerst einmal *Ambiguität* vor – es herrscht eine Mehrdeutigkeit der gegenwärtigen Situation. Aber *Ungewissheit* ist natürlich im Spiel. Mit den verschiedenen möglichen Bedeutungen der Situation (Geht es um eine Gehaltserhöhung? Eine Entlassung? Etwas viel weniger Dramatisches?) gehen sehr unterschiedliche zukünftige Entwicklungen und Folgen einher.

1.2.2 Orte des Ungewissen – wo man Ungewissheit überall über den Weg laufen kann

Okay, *das Ungewisse lauert also überall*, wo die Zukunft mit im Spiel ist. Letztlich ist die Zukunft immer offen, in so gut wie allen Lebensbereichen: Wird der Zeitarbeitsvertrag verlängert? Wie steht es mit der Gesundheit: Wie wird die Vorsorgeuntersuchung im nächsten Monat ausfallen? Und die Partnerschaft: Wird man im nächsten Jahr immer noch zusammen sein? Aber sind nicht manche Situationen oder Lebensumstände vielleicht anfälliger für das Ungewisse als andere?

Ungewissheit hat zum Beispiel oft mit dem *Warten* zu tun ... und Menschen warten sehr oft: „auf den anderen, den Frühling, die Lottozahlen, eine Offerte, das Essen, den Richtigen und Godot. Auf Geburtstage, Feiertage, das Glück, die Sportergebnisse und den Befund. Auf einen Anruf, das Geräusch des Schlüssels im Türschloss, den nächsten Akt und das Lachen nach der Pointe. Wir warten darauf, dass ein Schmerz aufhört und der Schlaf uns findet oder der Wind sich legt" (Koehler 2011, S. 9). In manchen Situationen ist das Warten besonders schlimm, weil das Ungewisse, das mit ihm verbunden ist, auch noch bedrohlich ist. Wartet man im Krankenhaus auf eine Diagnose, dann scheint die Zeit kaum noch zu vergehen. So ist die *Fähigkeit zu warten,* und damit Wartesituationen, eng damit verbunden, Ungewissheit aushalten zu können.

Gewöhnlich gelten *zwischenmenschliche Situationen* als *noch ungewisser* in ihrem Ausgang als rein natürliche Prozesse. Sind die Ereignisbereiche stark durch Naturgesetze bestimmt, dann kann ihr Gewissheitsgrad schon sehr hoch sein: Wird morgen früh die Sonne aufgehen? Das lässt sich schon ziemlich sicher beantworten. Sind aber andere Personen im Spiel, dann weiß man gewöhnlich kaum, aus welchen Motiven heraus sie auf die eigenen Handlungen reagieren werden. Gewohnheiten und Regeln reduzieren hier zwar häufig die Ungewissheit: Werden alle Autos auch wirklich anhalten, wenn die Ampel auf Rot schaltet? Aber selbst hier ist man letztlich nie ganz sicher. Und je informeller eine Situation ist, desto schwieriger wird es, Vorhersagen zu machen. Man muss schon ein berühmter Detektiv sein, um menschliche Reaktionen mit großer Gewissheit vorhersagen zu können (Christie 2010, S. 71):

„O Monsieur Poirot! Ich finde, nichts ist interessanter und so unberechenbar wie der Mensch!"
„Unberechenbar? Nein."

„Ich finde doch. Gerade dann, wenn man meint, man kennt ihn, tut er etwas völlig Unerwartetes."
Hercule Poirot schüttelte den Kopf.
„Nein, nein, das ist nicht wahr. Es ist sehr selten, dass jemand etwas tut, das nicht *dans son charactère* liegt. Mit der Zeit ist es langweilig."

Aber nicht nur äußere Umstände wie das Wetter oder die anderen Menschen bieten Gelegenheit für das Ungewisse, sondern auch *das eigene Innenleben ist ungewiss*. Wie sicher kann man eigentlich sein, dass einem der Weg zur Arbeit noch einfällt und man nicht aus Versehen falsch abbiegt? Wird das Gedächtnis wirklich verlässlich arbeiten und die passenden Erinnerungen rechtzeitig servieren? Die Antike kannte noch zwei Orte der Ungewissheit: das Außen der ungewissen Lebensumstände und das Innen eigener ungewisser Impulse, Gefühle oder Leidenschaften (Hempel 2012): Wird mich meine Bequemlichkeit, meine Angst einfach überwältigen, obwohl ich mir eine Sache fest vorgenommen hatte? Wer weiß.

Eine besonders interessante Form der *inneren Ungewissheit* ist die *Ambivalenz*. Bei der Ambivalenz geht es „um zwei konfligierende Wünsche, Handlungsoptionen, Motive" (Rössler 2017, S. 67) im Inneren, die beide die Handlung bestimmen wollen. Erdbeer- oder Schokoladeneis? Oder beides? Soll ich Psychologe oder Ingenieur werden? Friseurin oder Philosophin? Es ist nicht leicht, solche Spannungen und die damit verbundene Ungewissheit auszuhalten: Aber es ist notwendig, um eine gute Entscheidung zu treffe. Sonst entscheidet man sich vielleicht übereilt, nur um diese quälende Unklarheit nicht mehr spüren zu müssen.

Ungewissheiten durchdringen aber nicht nur den Alltag, innen wie außen – sie sind zumindest in Deutschland ein verbreitetes Phänomen. In Interviews mit eintausend zufällig ausgewählten Personen zu Unsicherheiten im Leben berichteten circa 90 % der Befragten über Ungewissheit in einem wichtigen Lebensthema, 50 % gaben sogar eine starke oder sehr starke Unsicherheit an. Die Erfahrung von Ungewissheit ist nach der Umfrage aber nicht nur weit verbreitet, sondern erfasst alle wichtigen Lebensbereiche – etwa 50 % der Befragten erlebten ihre finanzielle Lage als ungewiss, 30 % sorgten sich um die Zukunft ihres Arbeitsplatzes, 36% um ihre Gesundheit und 18 % sahen sogar mehrere Lebensbereiche als ungewiss an (Lantermann et al. 2009).

Psychologische Studien haben übrigens gezeigt, dass gerade Personen, die sich mit Ungewissheiten schwertun, besonders hellhörig für das Ungewisse in ihrem Leben sind – sie spüren das Ungewisse bereits in Situationen auf, die von Personen, die Ungewissheit gut aushalten, gar nicht als unsicher registriert werden. Durch die eigene *Sensibilität für das Ungewisse* wird die Aufmerksamkeit für ungewisse Umstände derart geschärft, dass oft sogar schon relativ neutrale Situationen als beladen mit Ungewissheit erscheinen (Carleton 2012): Für das Ungewisse sensibilisierte Personen sitzen z. B. im Bus nicht bloß einem erkälteten Menschen gegenüber und denken ganz harmlos „Aha, die ist ganz schön erkältet". Nein, sie denken: „Werde ich mich wohl bei ihr anstecken oder nicht?" Und schon finden sie sich in einer ungewissen Situation wieder.

Besitzen Sie eine solche große Sensibilität im Aufspüren von Ungewissheiten, wo andere Personen sich noch in Sicherheit wiegen? Wo erscheinen Ihnen die Verhältnisse klar – und erst auf den zweiten Blick fallen ihnen unbemerkte Ungewissheiten darin auf?

Bestandsaufnahme der eigenen Ungewissheitssensibilität

1. Fällt ihnen das Ungewisse im Alltag besonders schnell auf oder brauchen Sie oft ein wenig?
2. Ist Ihnen das Ungewisse in bestimmten Situationen so schnell klar, dass andere Personen manchmal schon mit den Augen rollen, und den Ratschlag geben, sich nicht so viele Gedanken darüber zu machen, was alles kommen kann?

1.2.3 Die eigenen Orte des Ungewissen ausfindig machen

Um den eigenen Umgang mit dem Ungewissen zu verbessern, ist es zuerst einmal wichtig, die eigenen besonders aktiven *Zonen des Ungewissen* ausfindig zu machen. Wo verstecken sich die eigenen *Hot Spots,* in denen Ungewissheit immer wieder erlebt wird? Welche Situationen oder Lebenslagen erscheinen dagegen sicher und gewiss?

Denken Sie noch einmal an Herrn Schrödinger in dem Beispiel weiter oben. Ist die Katze nun in der Tonne oder nicht? Hat er die Katze nun aus Versehen beim Niederdrücken des Grases mit dem Spaten verletzt oder nicht? Wird der Vorfall entdeckt und dem Ordnungsamt gemeldet? Und was machen die dann? Der *Ort des Ungewissen* ist hier die Gartenarbeit (und das ist sie bei ihm häufig). Die ersten Fragen richten sich eigentlich auf Unklares in der nahen Vergangenheit, sind also gar keine Ungewissheiten im engeren Sinn. Aber die letzte Frage nach dem Ordnungsamt richtet sich auf die Zukunft und ist eine Ungewissheit im engeren Sinn.

Wie sieht es nun bei Ihnen mit ungewissen Situationen aus? Was sind Ihre *Hot Spots des Ungewissen?* Denken Sie doch einen Moment entlang der folgenden Fragen über sich selbst nach, um einen ersten Eindruck von den eigenen Ausgangspunkten der Ungewissheiten zu gewinnen. Und schreiben Sie die Ergebnisse Ihrer Selbsterforschung ruhig auf – die Orte des Ungewissen werden später noch gebraucht.

Die eigenen Orte des Ungewissen finden

1. Gehen sie die großen Lebensbereiche durch: Quält sie Ungewissheit besonders bezüglich ihrer Gesundheit? Im Beruf? In der Partnerschaft? In mehreren dieser Bereiche?
2. Welche Umstände und konkreten Situationen in diesen Lebensbereichen sind ungewiss?
3. Sind es ausschließlich externe ungewisse Umstände oder sind Sie auch über interne Ungewissheiten beunruhigt (z. B. wird mir mein Gedächtnis bei der Prüfung einen Streich spielen)?
4. Braucht es bei Ihnen gar nicht lang, um ungewisse Situationen im eigenen Leben zu entdecken? Oder müssen Sie sich erst sehr darauf konzentrieren? Gehören Sie zu den besonders *ungewissheitssensiblen Menschen?*
5. Ungewissheit im engeren Sinn ist ja nur eine *Form des Unklaren:* Wie sieht es bei Ihnen mit den verschiedenen Formen des Unklaren aus? Beschäftigt sie vor allem das Ungewisse einer Sache in der Zukunft? Quält sie auch eine Mehrdeutigkeit gegenwärtiger Situationen, also *Ambiguität* (z. B. was wird von mir in der aktuellen Situation eigentlich erwartet)? Sind es eher Dinge in der Vergangenheit, die ihnen häufig auffallen (z. B. war mein Großvater ein Kriegsverbrecher?)? Oder sind Sie sensibel für Unklarheiten in allen drei Bereichen?

Literatur

Bauer T (2018) Die Vereindeutigung der Welt. Über den Verlust an Mehrdeutigkeit und Vielfalt. Reclam, Stuttgart

Bauman Z (2005) Moderne und Ambivalenz. Das Ende der Eindeutigkeit. Hamburger Edition, Hamburg

Carleton RN (2012) The intolerance of uncertainty construct in the context of anxiety disorders: Theoretical and practical perspectives. Expert Rev Neurother 12:937–947

Christie A (2010) Hercule Poirot schläft nie. Hachette Collections, Vanves Cedex

Hempel L (2012) Gefühl und Selbstführung. Seneca und die Technologie der inneren Sicherheit. In: Metelmann J, Beyes T (Hrsg) Die Macht der Gefühle Emotionen in Management, Organisation und Kultur. Berlin University Press, Berlin, S 191–204

Koehler A (2011) Die geschenkte Zeit. Über das Warten. Insel Verlag, Berlin
Koppetsch C (2018) Kosmopolitische Heimat. Räumliche Selbstvergewisserung im Brennglas transnationaler Ungleichheitskonflikte. In: Schöneck NM, Ritter S (Hrsg) Die Mitte als Kampfzone. Wertorientierungen und Abgrenzungspraktiken der Mittelschichten. transcript, Bielefeld
Lantermann E-D, Döring-Seipel E, Eierdanz F, Gerhold L (2009) Selbstsorge in unsicheren Zeiten: Resignieren oder Gestalten. Beltz, Weinheim
Rosa H (2019) Unverfügbarkeit. Residenz Verlag, Wien
Rössler B (2017) Autonomie Ein Versuch über das gelungene Leben. Suhrkamp, Berlin
Viertl R, Yeganeh SM (2013) Mathematische Modelle für Ungewissheit. In: Jeschke S, Jakobs E-M, Dröge A (Hrsg) Exploring Uncertainty. Ungewissheit und Unsicherheit im interdisziplinären Diskurs. Springer, Wiesbaden, S 271–280

2

Sich mit dem Ungewissen besonders unwohl fühlen

Inhaltsverzeichnis

Was wird das nächste Jahr bringen? Werden sich nach der Krebsbehandlung Metastasen bilden? Wird es morgen regnen? *Ungewissheit* herrscht fast überall, wo man sich mit der Zukunft auseinandersetzen muss (Kap. 1). Diese Zukunft stellt sich schnell wie ein riesiger offener Raum an Möglichkeiten vor den eigenen Augen auf. Das Ungewisse gut aushalten und *Schritte ins Ungewisse* machen zu können, ist daher eine kaum zu überschätzende Fähigkeit. Manche psychologischen Theorien rechnen dieses Vermögen sogar zum exquisiten Kreis der Eigenschaften, die das ausmachen, was man *Weisheit* nennen könnte – die oder der Weise kennt eben die dem Leben innewohnende und unvermeidbare Ungewissheit und besitzt eine gleichmütige Toleranz ihr gegenüber. Gut ausbalancierte Ungewissheitstoleranz macht das Leben erst erträglich, selbst in sehr unvorhersehbaren Lebenslagen (Sandau et al. 2009).

Aber die meisten Menschen fühlen sich eher unwohl, wenn sie mit ungewissen Umständen konfrontiert sind – sie können einfach nur eine gewisse Dosis an Ungewissheit aushalten, ihre *Ungewissheitstoleranz* hat Grenzen. Und es fühlt sich oft brenzlig an, *Schritte ins Ungewisse* zu wagen. Die Dichterin Hilde Domin hat diese Erfahrung in dem berühmten Motto

© Springer-Verlag GmbH Deutschland, ein Teil von Springer Nature 2020   **13**
N. Spitzer, *Schritte ins Ungewisse*, https://doi.org/10.1007/978-3-662-61138-8_2

ihres Gedichtbands *Nur eine Rose als Stütze* zu einem vibrierenden Augenblick verdichtet (Domin 2009, S. 47):

Ich setzte den Fuß in die Luft,
und sie trug.

Wird sie mich tragen? Das Zögern am Ungewissen, das ganze Hoffen und Bangen steckt hier im Moment des Zeilenwechsels. Auch unzählige psychologische Experimente belegen eine tendenzielle *Risikoscheu* des Menschen beim Umgang mit dem Ungewissen. Oft sind diese Experimente so aufgebaut, dass die Versuchspersonen zwischen einem sicheren und einem unsicheren Gewinn entscheiden müssen, die mathematisch gleichwertig sind. Die meisten Menschen wählen zum Beispiel lieber einen Lotteriegewinn von sicheren 100 EUR statt einer 50 %igen Chance auf 0 EUR oder 200 EUR (Gneezy et al. 2006).

Es scheint also beim Menschen insgesamt eine Schlagseite pro Gewissheit, contra Ungewissheit zu geben: Menschen können zwar auch die Chancen in einer ungewissen Situation sehen, doch spontan empfinden sie gewöhnlich anders. Sie haben einen eher niedrigen *Sollwert* bezüglich des Ungewissen, mit dem sie sich wohl fühlen – und sie betreiben beständig eine Art „Unsicherheitsregulation" (Lantermann et al. 2009, S. 4), je nachdem, ob in einer spezifischen Situation der persönliche Unbestimmtheitsmaßstab über- oder unterschritten wird: Wird ihr persönlicher Sollwert an nötiger Gewissheit unter- oder überschritten, dann reagieren sie emotional (mit Angst oder Langeweile) und unternehmen etwas, um ihr ideales Maß an Gewissheit oder Ungewissheit wieder herzustellen. Sie vermeiden vielleicht eine besonders ungewisse Situation oder buchen umgekehrt einen abenteuerlichen Urlaub. Es ist also nicht grundsätzlich ausgemacht, ob Menschen *Ungewissheit* positiv oder negativ aufnehmen, wie schon der Schriftsteller Oscar Wilde wusste – die Beziehung des Menschen zum Ungewissen ist beachtlich kompliziert: „Diese Ungewißheit ist schrecklich. Ich hoffe, sie hält an" (Wilde 2014, S. 665).

> **Beispiel**
>
> Herr Graben macht sich häufig Sorgen um seine Partnerin. Jeden Morgen fährt sie mit dem Wagen zur Arbeit – und dann kommen sie, die Sorgen um einen möglichen Unfall. Was da alles passieren kann! Ein Lastwagen biegt falsch ab, einer dieser verrückten Raser, von denen man immer wieder liest, oder einfach eine Unachtsamkeit, weil doch alle morgens noch so müde ist. Da muss man doch das Schlimmste annehmen! Und seine Gedanken kennen viele solche

Szenarien. Nicht auszudenken, wenn sie beim Unfall stirbt: Wie sollte er nur ohne sie leben?

Sofort bemüht er seinen Verstand und macht sich klar, wie unwahrscheinlich ein solch gefährlicher Unfall eigentlich ist. Und wie lange seine Partnerin schon unfallfrei fährt. Aber irgendwie greifen solche Argumente einfach nicht. Schließlich hört man doch tagtäglich von Unfällen. Und einmal ist immer das erste Mal. Ungewissheiten auszuhalten, das fällt ihm einfach besonders schwer.

Seine Partnerin schickt ihm natürlich jeden Tag eine Nachricht, dass sie gut angekommen ist, aber die Zeit bis dahin schlägt er einfach nur tot. Er kann sich kaum auf etwas Anderes konzentrieren. Nur mal vorgestellt, es ruft plötzlich jemand von einem Krankhaus an! Er wäre dann wie gelähmt. Und er sitzt hier noch im Schlafanzug! Seit Jahren steht er daher immer schon vor seiner Partnerin auf und macht sich zurecht, damit er für alles gerüstet ist. Ja, er räumt täglich die Wohnung auf, gleich morgens, falls ein Unbekannter hereinkommt, vielleicht ein Polizist, um ihm die schlechte Nachricht zu bringen.

2.1   Grenzerfahrungen und Sensationen: Ungewissheitsjunkies

Das *Ungewisse* kann aber auch Vergnügen bringen. Der *Reiz des Ungewissen* durchzieht zum Beispiel alle Sportarten, ob nun Brettspiele oder Mannschaftssportarten, Glücksspiele natürlich sowieso – wie geht es aus? Das Ungewisse ermöglicht erst das Mitfiebern. Aber nicht nur hier wird das Ungewisse gewöhnlich wie selbstverständlich genossen: Das Auspacken eines Geschenks ist ebenfalls eher angenehmer Nervenkitzel als quälende Ungewissheit. Für gewöhnlich will auch niemand am Anfang eines Buchs oder eines Films schon wissen, wie sie ausgehen. Viele Eltern wollen während der Schwangerschaft Gewissheit darüber haben, ob ein Down-Syndrom bei ihrem Kind vorliegt, aber vom Geschlecht des Kindes wollen sie lieber überrascht werden.

Eine besondere Personengruppe sucht sogar gezielt nach dem Nervenkitzel, der mit dem Risiko einhergeht. Seit den 1990er Jahren boomen die Extrem- oder Risikosportarten: Steilwandklettern oder Tauchen, Downhill-Biking oder Fallschirmspringen. Und auch risikoreiche Berufe ziehen zumindest viel Aufmerksamkeit in den Medien auf sich – Polizisten oder Testpiloten, aber auch Börsenmakler und andere Finanzjongleure. Alle diese Unternehmungen sind im Kern durch einen hohen Grad an Risiko und Ungewissheit gekennzeichnet. Und ein solches Leben voller Aufregung und Intensität hat aktuell den *Zeitgeist* auf seiner Seite.

Personen, die solche *Grenzerfahrungen mit ungewissem Ausgang* suchen, werden in der Soziologie manchmal *Edgeworker* genannt (Lyng 2008). In der Psychologie bezeichnet man sie als *Sensation Seeker*. Sie suchen einfach nach mehr Stimulation als andere Menschen: „Sie stürzen sich nur an einem Gummiseil befestigt von einem hundert Meter hohen Turm. Auf der Autobahn lassen sie kein noch so waghalsiges Manöver aus. Und alles, was nicht nach Gefahr aussieht, scheint sie zu langweilen" (Möller und Huber 2003, S. 1). Sie finden die Auseinandersetzung mit dem Ungewissen nicht bedrohlich, sondern reizvoll.

Was charakterisiert nun Personen, die solche Grenzerfahrungen suchen? Noch in den 1970er Jahren sah man bei ihnen eine Schwäche am Werk: Personen mit einer ausgeprägten Tendenz zum *Sensation Seeking* können die Monotonie, Langeweile und Reizarmut eines normalen Lebens nicht ertragen – es ist ein übergroßes Bedürfnis nach Stimulation, unter dem sie leiden und daher setzen sie sich gezielt Gefahren aus (Hammelstein und Roth 2003). Heute wird diese *Faszination für den Nervenkitzel* deutlich positiver gesehen. Ein *intensives Leben* ist ein Vorbild für alle – und sich Risiken und Ungewissheiten auszusetzen, gilt als ein legitimes Mittel auf diesem Weg. Manche kritischen Autoren sehen in der zunehmenden Popularität solcher Grenzerfahrungen, etwa im Extremsport, schon eine Art Trainingscamp für Eigenschaften, die in der spätmodernen *Risikogesellschaft* immer mehr auch im Alltag erwünscht sind (Kap. 4).

Aber um diese immer größer werdende Gruppe dieser *Freunde des Ungewissen* und ihrer *Ungewissheitsbegeisterung* soll es im Weiteren gar nicht gehen – sie steht medial soundso schon besonders im Mittelpunkt. Es geht vielmehr um die Personen, die ihren weit versteckteren Gegenpol bilden, und oft in ihrem Schatten stehen – diejenigen, die sich mit Ungewissheiten und Risiken besonders schwer tun. Schauen Sie trotzdem für einen Moment einmal in die andere Richtung: Finden Sie die Stellen, wo sie das Ungewisse genießen. Gehen Sie zum Beispiel zu irgendeinem Sport? Wie ist es dort mit der Ungewissheit?

Bestandsaufnahme Ihrer Freuden am Ungewissen

1. Machen Sie sich bewusster, an welchen Stellen im Alltag sie ungewisse Situationen genießen, vielleicht sogar aufsuchen. Sammeln Sie die Situationen, in denen sie genießen, nicht zu wissen, was kommt. Spielen Sie vielleicht gern? Oder gehen einem Sport nach? Schließen Wetten ab? Wo verschafft Ihnen Ungewissheit einen angenehmen Nervenkitzel?
2. Wie sieht es mit Ihren Freunden, Bekannten und Verwandten aus? Wo genießen diese das Ungewisse?
3. Haben Sie vielleicht sogar Erfahrungen mit einer Extremsportart? Wie steht es dort mit dem Ungewissen: Konnten Sie es in diesem Ausnahmefall ganz gut aushalten? Vielleicht sogar genießen?

2.2   Intoleranz gegenüber Ungewissheit – eine psychische Allergie

Menschen haben also ein sehr unterschiedliches *Verlangen nach Gewissheit.* Es gibt große individuelle Unterschiede, wie sehr Ungewissheit einzelne Personen beunruhigt oder bloß herausfordert: Manche Personen fühlen sich positiv angesprochen, werden sie mit einer ungewissen Situation konfrontiert, andere hingegen geraten darüber schier in Verzweiflung. Sie sind durch das Ungewisse schnell verunsichert, werden von exzessiven Sorgen über das, was kommen könnte, heimgesucht und unternehmen alles Mögliche, um wieder Gewissheit zu erlangen (Kap. 6). Sind ungewisse Situationen für eine Person besonders schwer zu ertragen, dann spricht man in der Psychologie von einer *Intoleranz gegenüber Ungewissheit* oder einer *geringen Ungewissheitstoleranz.*

Geringe Ungewissheitstoleranz funktioniert wie eine *psychische Allergie* (Robichaud et al. 2019): Bei einer Pollenallergie reicht schon eine winzige Menge Blütenpollen in der Luft, um eine heftige Reaktion auszulösen, die gewöhnlich Niesen, geschwollene Augen und allgemeines Unwohlsein beinhaltet. Etwas Vergleichbares passiert bei einer *geringen Ungewissheitstoleranz:* Schon eine kleine Prise Ungewissheit in einer Situation bewirkt eine heftige und intensive Reaktion. Die Betroffenen reagieren mit bohrender *Angst* (Abschn. 6.1), anhaltenden *Sorgen* (Abschn. 6.3) und anstrengendem *Vergewisserungsverhalten* (Abschn. 6.2). Sie sehen es übrigens oft genauso: In einer Umfrage unter Personen mit geringe Ungewissheitstoleranz konnten 70 % mit der Aussage, *allergisch gegen das Ungewisse* zu sein, viel anfangen (Fracalanza 2015).

Und wie bei einer anderen Allergie gibt es auch bei einer *geringen Ungewissheitstoleranz* zwei Behandlungsmöglichkeiten: die allergischen Stoffe in der Umwelt reduzieren oder die Toleranz für sie zu erhöhen. *Ungewissheit* oder *Toleranz* – will man lieber das erste reduzieren oder das zweite steigern?

Personen mit einer geringen Ungewissheitstoleranz setzen vor allem auf die erste Strategie: Sie vermeiden Situationen, deren Ausgang ungewiss ist, erfinden Ausreden, um ihnen aus dem Weg zu gehen, suchen immer weiter nach Informationen, um die Ungewissheit vielleicht doch noch zu reduzieren, suchen Absicherungen bei anderen Personen oder kontrollieren Dinge übertrieben oft. Sie strengen sich also in ungewissen Situationen extrem an, um die Lage doch noch zu kontrollieren und auch die geringfügigsten Ungewissheiten auszulöschen. Diese Anstrengungen sind aber leider oft nicht nur sehr anstrengend, sondern auch vergeblich. Ungewissheiten lassen sich nur selten mit einem vertretbaren Aufwand komplett beseitigen. Dies Buch will Ihnen dagegen die zweite Strategie schmackhaft machen – *die Ungewissheitstoleranz lieber zu steigern.*

Prüfen Sie aber doch erst einmal anhand von ein paar Fragen, ob Sie eher eine hohe oder niedrige Ungewissheitstoleranz besitzen? Sind Sie allergisch gegenüber Ungewissheiten?

Visite bei der eigenen Ungewissheitsallergie

1. Entdecken Sie Ungewissheiten in Situationen schneller als andere? Sind sie also besonders sensibel für das Ungewisse: Fragen Sie sich schneller als andere, ob der Zug auch pünktlich kommen wird? Das Wetter im Urlaub gut wird? Sie im nächsten Jahr gesund bleiben?
2. Halten sie es schlecht aus, wenn ein Film- oder Romanende unklar ist? Blättern Sie gern schnell mal ans Ende eines Buchs, um vorab Gewissheit zu haben?
3. Ist Ihnen oft ein Ende mit Schrecken lieber als ein Schrecken ohne Ende? Wissen Sie z. B. lieber genau, ob Ihr Partner/Ihre Partnerin sie verlassen wird, statt die Ungewissheit zu ertragen, ob oder ob nicht?

Die *psychische Allergie* ist natürlich nur eine Analogie: *Intoleranz gegenüber Ungewissheit* funktioniert eher wie eine Art *gedanklicher Filter*, durch den ungewisse Situationen laufen und auf eine bestimmte Weise bewertet werden. Er besteht aus ganz speziellen Überzeugungen, die dafür sorgen, dass gerade das Ungewisse besonders negativ erscheint. Dabei stellt dieser gedankliche Filter die ungewisse Situation oft nicht korrekt, sondern sehr einseitig dar: Diese gedanklichen Annahmen sind „verzerrte Überzeugungen bezüglich des Ungewissen" (Fama und Wilhelm 2005, S. 265; Übers. v. Autor). Und dieser Ratgeber soll dabei behilflich sein, diesen gedanklichen Filter auszuwechseln – und bekömmlichere und realistischere Überzeugungen für ungewisse Situationen zu entwickeln.

> **Intoleranz gegenüber Ungewissheit**
>
> *Geringe Ungewissheitstoleranz* bezeichnet einen *gedanklichen Filter* aus mehreren typischen *Überzeugungen,* der ungewisse Situation sehr negativ, bedrohlich und belastend erscheinen lässt.
>
> Die in diesem düsteren Licht erscheinende ungewisse Situation löst dadurch eine heftige Reaktion aus, zu der starke Angstgefühle, quälende Sorgen und aufwendiges Vergewisserungsverhalten gehören.

2.3   Die Facetten geringer Ungewissheitstoleranz

In der psychologischen Forschung bilden vor allem die folgenden grundlegenden *Überzeugungen bezüglich des Ungewissen* den *gedanklichen Filter*, der alles Ungewisse in einem bedrohlichen Licht erscheinen lässt.

Dabei müssen nicht in jedem Fall alle Überzeugungen vorliegen – *Intoleranz gegenüber Ungewissheit* zeigt nicht immer das gleiche Gesicht, sondern es gibt sehr verschiedene *Ungewissheitsprofile*. Machen Sie doch hier Ihr eigenes *Ungewissheitsprofil* ausfindig. Welche der folgenden Facetten zeigen sich bei Ihnen? Und welche auch nicht?

Oft liegen die eigenen Überzeugungen klar auf der Hand, aber manchmal ist es nicht ganz so einfach, sich die eigenen relevanten Gedanken bewusst zu machen. Nicht dass sie ‚unbewusst' wären, also gar nicht zugänglich, aber sie sind eben manchmal wie diese schmierige Kaufhausmusik, die man gar nicht mehr bemerkt, weil sie ja immer da ist – erst wenn man genau hinhört, merkt man eigentlich, wie wenig sie einem gefällt. Aber da hat sie sich schon eingeschmeichelt und eine verkaufsbereitere Stimmung erzeugt. Versetzen Sie sich für Ihre Überzeugungen bezüglich des Ungewissen also am besten noch einmal sehr lebhaft in einige typische Ungewissheitssituationen (oder suchen Sie eine ungewisse Situation sogar ganz real noch einmal auf), wie Sie sie inzwischen schon gründlich herausgearbeitet haben (Abschn. 1.2.3). Und achten Sie dabei nicht nur auf die sehr präsenten Gedanken, sondern auch auf das gedankliche Flüstern in Ihrem Hinterkopf.

1. Gewissheit ist absolut notwendig

Die von geringer Ungewissheitstoleranz Betroffenen *fordern* ein großes Maß an Gewissheit – sie begnügen sich nicht damit, es nur dringend zu *wünschen. Geradezu tyrannisch wird Gewissheit eingefordert.* Es wäre also nicht nur schön, zu wissen, ob man heute Abend in der Nähe des Kinos einen Parkplatz bekommt … es *muss* einfach klar sein! Gewissheit ist absolut notwendig, alles andere eigentlich unmöglich – man muss einfach immer genau wissen, was die Zukunft mit sich bringt. Gedanken, die solch ein drängendes *Gewissheitsverlangen* ausdrücken, stehen für viele Forscher im Mittelpunkt einer geringen Ungewissheitstoleranz.

Solche Erstarrungen von Wünschen zu absoluten Forderungen geschehen regelmäßig im Alltag, sie sind nichts Ungewöhnliches: Beständig sagen sich Menschen, was passieren *muss,* wie jemand sein *sollte* oder was auf keinen Fall sein *darf* – eine seltsame Mischung von Erwartungen und Wünschen, die so verbissen und verfestigt sind, dass ihre ausbleibende Erfüllung starke Emotionen erzeugt. Eine fordernde innere Stimme lässt hier nicht locker: Ich *muss unbedingt* diese Prüfung bestehen oder diese Stelle bekommen! Du *musst* dich mir gegenüber unbedingt immer fair verhalten! Ich *brauche unbedingt* Gewissheit! Sonst geht es nicht.

Bestandsaufnahme der eigenen Ungewissheitsgedanken – Gewissheitsverlangen

1. Wie sieht es in den ungewissen Situationen aus, die Ihnen zusetzen: Ist das Verlangen nach Gewissheit sehr stark? Wollen Sie geradezu Gewissheit erzwingen?
2. Ertappen Sie sich gelegentlich bei fordernden Ausrufen wie ‚Diese Ungewissheit! Das darf doch wohl nicht wahr sein!'
3. Finden sich in Ihren Gedanken bezüglich der Ungewissheit immer wieder Schlüsselwörter wie ‚darf nicht', ‚muss' oder ‚sollte'?
4. Finden sich bei Ihnen häufig Gedanken wie ‚Ich muss es einfach wissen! So unklar darf es auf keinen Fall bleiben'?

---

2. Ungewissheit ist gefährlich

Personen mit einer geringen Ungewissheitstoleranz sehen häufig nur die Gefahren, die mit ungewissen Situationen verbunden sein können. Solche

Gefahrengedanken bezüglich des Ungewissen können im eigenen Kopf in etwa so klingen: Wenn ich etwas in meinen Alltag verändere, dann passiert etwas Schlimmes. Vage, schwer zu durchschauende Situationen sind meist auch gefährlich. Man sollte immer aufmerksam sein, für das was kommt, um nicht böse überrascht zu werden – oder schlicht und direkt: Ungewissheit ist doch immer bedrohlich. Manche Forscherinnen und Forscher definieren eine geringe Ungewissheitstoleranz geradezu als *Überzeugung, dass Ungewissheit, Neuheit oder Wandel untolerierbar sind, weil sie potentiell gefährlich sind* (OCCWG 1997).

Aber realistisch besehen ist eine ungewisse Situation keineswegs immer gleich auch eine gefährliche Situation – manche sind sogar angenehm aufregend, andere sind einfach neutral: In ein Land zu reisen, in dem man bisher noch nie war, ist sicherlich neu und bringt viele Ungewissheiten mit sich, aber eine solche Reise ist noch keine bedrohliche Sache. Manche Personen erleben eine solche Reise sogar als aufregend. Andere hingegen machen sich dagegen schnell Sorgen um mögliche negative Begleiterscheinungen einer solchen Reise ... laute Hotels, hohe Kosten, schlechtes Wetter, plötzliche Streiks bei den Fluggesellschaften. Überschätzt wird dabei die *Wahrscheinlichkeit einer Gefahr*, aber ebenso ihr *Ausmaß* – man wird eben nicht nur in einem lauten Hotel landen, sondern das wird sicherlich den ganzen Urlaub verderben.

Einige interessante psychologische Experimente haben gezeigt, dass sich gerade Personen mit geringer Ungewissheitstoleranz durch eine solche *Gefahrensicht* auszeichnen: Versuchspersonen erhielten dabei fiktive Tagebucheintragungen zur Lektüre, die sich um unklare Situationen drehten („Als ich nachts durch die Straßen geschlendert bin, wurde ich von jemanden angesprochen"). Sie sollten sich in diese Situationen hineinversetzen – und ihr Bedrohungspotential einschätzen. Personen mit einer geringen Ungewissheitstoleranz schätzten nun neutrale, aber unklare Situationen im Durchschnitt bedrohlicher ein als andere Personen. Und das galt in einer anderen Studie sogar für ungewisse Situationen, mit einem positiven Inhalt! In dieser Untersuchung wurde folgende Situation vorgegeben: Stellen Sie sich vor, ein Freund, der ihnen sehr wohlgesonnen ist, sagt ihnen, dass sie sich den nächsten Geburtstag von der Arbeit freinehmen sollen. Er hätte sich da eine Überraschung überlegt. Auch hier machten sich Personen mit geringer Ungewissheitstoleranz mehr Sorgen darum, was wohl auf sie zukommen wird und empfanden auch diese Ungewissheit als durchaus bedrohlich (Robichaud et al. 2019).

Bestandsaufnahme der eigenen Ungewissheitsgedanken – die Bedrohlichkeit ungewisser Situationen

1. Wie sieht es in den ungewissen Situationen aus, die Ihnen zusetzen: Denken sie gleich und zu allererst an das, was daran auf gefährliche Weise schiefgehen könnte? Haben Sie sogar vor allem einen besonders schlimmen Ausgang vor Augen?
2. Kommen Ihnen andere mögliche Ausgänge, die harmloser sind, parallel gar nicht erst in den Sinn?
3. Sagt Ihnen Ihr Verstand häufiger, dass die angenommene Gefahr in einer ungewissen Situation eigentlich total unwahrscheinlich ist – aber irgendwie wirkt das gar nicht? Macht Sie schon allein die Möglichkeit eines gefährlichen Ausgangs nervös?

3. Ungewissheit ist belastend

In vielen Situationen erscheinen die Ungewissheiten des Alltags vielleicht gar nicht gleich als gefährlich. Aber lästig, anstrengend oder belastend erscheinen sie doch. Ungewissheit, so diese Überzeugung, führt zu Stress oder Frustrationserfahrungen, zu Aufregung oder zu Anstrengungen – sie macht bestimmt verletzlich oder unglücklich.

Es sind Gedanken wie die folgenden, die für eine solche Überzeugung stehen: Ungewissheit ist einfach schrecklich, ich kann ungewisse Situationen kaum aushalten. Ungewissheit macht das Leben unerträglich. Mein Verstand kommt einfach nicht zur Ruhe, wenn ich nicht weiß, was morgen sein wird. Ungewissheit stresst mich so sehr. Es frustriert mich, wenn ich nicht die Informationen über eine Sache habe, die ich brauche.

Bestandsaufnahme der eigenen Ungewissheitsgedanken – Belastungen durch Ungewissheit

1. Wie sieht es in den ungewissen Situationen aus, die Ihnen zusetzen: Denken sie gleich und zu allererst an das, was an diese ungewissen Situation bestimmt lästig und anstrengend ist („Mist! Wenn der Zug Verspätung haben sollte, dann verpasse ich beim Umsteigen den Anschlusszug und muss mir einen neuen suchen … wie lästig!")? Haben Sie deshalb gleich schon schlechte Laune, sich mit der ungewissen Situation auseinandersetzen zu müssen?
2. Haben Sie auch hier andere mögliche Ausgänge parallel gar nicht näher im Sinn? Dass es vielleicht ganz unkompliziert und mit wenig Aufwand erledigt werden kann?

4. Ungewissheit macht mich handlungsunfähig

Ungewisse Situationen hin oder her – es ist immer etwas Beunruhigendes anzunehmen, mit einer bestimmten Situation einfach nicht fertig werden zu können. Die Überzeugung, mit einer Situation erfolgreich umgehen zu können, wandelt den Eindruck von ihr komplett: „Das Wissen um Handlungsmöglichkeiten und das Vertrauen in die eigenen Kompetenzen ist die mit Abstand wichtigste Einflussgröße, wenn es darum geht, ob man Situationen als Herausforderung annehmen kann" (Lantermann et al. 2009, S. 25).

Neben der *Überschätzung* eines negativen Ausgangs, kommt es bei geringer Ungewissheitstoleranz aber zu einer *Unterschätzung* der eigenen Bewältigungsmöglichkeiten. Die Betroffenen nehmen oft an, dass ungewisse Situationen mit ihren vielen Ausgangsmöglichkeiten sie überwältigen und lähmen. Etwas passiert, auf das sie eben nicht vorbereitet sind. Es sind Gedanken wie die folgenden, in denen sich eine solche Überzeugung ausdrückt: Ich kann mich einfach nicht entscheiden, wenn ich unsicher bin. Wenn etwas Unerwartetes passiert, dann werde ich damit nicht fertig. Ich werde einfach überwältigt von unvorhersehbaren Ereignissen. Wenn ich nicht absolut sicher bei einer Sache bin, werde ich dort zwangsläufig Fehler machen und scheitern.

Gerade Personen mit einer geringen Ungewissheitstoleranz trauen sich hier wenig zu. In einer psychologischen Studie gaben 70 % einer Patientengruppe mit geringer Ungewissheitstoleranz an, mit einer ungewissen Situation nicht fertig werden zu können, aber 0 %, also keiner, einer Vergleichsgruppe (Fracalanza 2015). Das Vertrauen in die eigene Handlungsfähigkeit angesichts einer ungewissen Situation unterscheidet sich also deutlich. Die meisten Menschen zeigen sich nämlich in ungewissen Alltagssituationen ganz selbstverständlich sehr handlungsfähig: Sie nehmen bei ungewissem Wetter für alle Fälle einen Regenschirm mit, gehen nie ohne Geld aus dem Haus oder machen sich etwas zu früh auf dem Weg zum Bahnhof, falls einmal etwas dazwischen kommen sollte. Fußballtrainer nehmen Ersatzspieler mit zu einem Spiel, falls sich jemand verletzt und ausgewechselt werden muss.

Bestandsaufnahme der eigenen Ungewissheitsgedanken – Handlungsunfähigkeit durch Ungewissheit

1. Glauben Sie, in ungewissen Situationen von einer plötzlichen Wendung überrascht werden zu können, so dass Sie einfach nicht mehr wissen, was Sie machen sollen?
2. Haben Sie oft den Eindruck, vor einer Situation mit unklarem Ausgang wie gelähmt zu stehen und nicht mehr weiter zu wissen?

5. In ungewisse Lebenssituationen zu geraten, wirft ein schlechtes Licht auf mich

‚*Na, alles klar?*' Diese flapsige Anrede nervt nicht nur, sondern in ihr klingt auch die Erwartung mit, dass doch bitte schön im Leben am besten alles klar sein sollte: Ein gelungenes Leben ist eins, in dem man es geschafft hat, dass alles klar, sicher und gewiss ist. Vielleicht druckst man mit der Antwort etwas herum … nö, gerade noch nicht … aber bald ist sicher wieder alles geregelt. Denn keine Klarheit im eigenen Leben geschaffen zu haben, wirft eben doch ein schlechtes Licht darauf, wie man das eigene Leben führt. Wer nicht in der Lage ist, ein klares vorhersehbares Leben zu führen – mit dem kann doch etwas nicht stimmen, oder? Irgendwo muss ja die Ursache dafür zu finden sein, immer wieder in unerwünschte Situationen zu geraten! Ungewissheit macht also oft nicht nur das Leben zur Last, sondern immer wieder mit Ungewissheit konfrontiert zu sein, kann auch Auswirkungen auf den Selbstwert haben – bin ich vielleicht zu schwach, zu unfähig, um für mich und meine Liebsten ein sicheres, gewisses Leben hinzukriegen?

Solch eine *selbstverurteilende Überzeugung* kann in folgenden Gedanken Gestalt annehmen: Sich ungewiss sein, zeigt doch, dass ein Mensch schlecht organisiert ist. Ich bin einfach unfähig, sonst würde ich nicht immer wieder in diese ungewissen Situationen geraten. Meine Schwierigkeiten mit ungewissen Situationen zeigen doch, was für ein ängstlicher Kontrollfreak ich bin, einfach nicht normal.

Gerade Personen mit einer geringen Ungewissheitstoleranz scheinen nun diesen Schluss häufig zu ziehen. In einer Untersuchung sagten zumindest 100 % einer Patientengruppe mit geringer Ungewissheitstoleranz, also wirklich alle, dass sich nicht gewiss zu sein etwas über die eigene Person aussagt. Das galt aber nur für 25 % eine Vergleichsgruppe – im Gegenteil, mehr als die Hälfte der Personen nahm hier sogar an, dass ihre Konfrontation mit dem Ungewissen etwas Positives über sie aussagt! Nämlich Spontanität und Selbstvertrauen zu besitzen. Die erste Gruppe hingegen nimmt an, dass es entweder bedeutet, inkompetent, nicht normal oder nachlässig zu sein (Fracalanza 2015).

Bestandsaufnahme der eigenen Ungewissheitsgedanken – Ungewissheit im Leben wirft ein schlechtes Licht auf mich

1. Wie sieht es in den ungewissen Situationen aus, die Ihnen zusetzen: Kommen Sie häufiger ins Grübeln und denken, dass Sie mehr mit Ungewissheit konfrontiert sind als andere? Und kommt Ihnen dabei der Verdacht, dass es an Ihnen liegen könnte? Welche Eigenschaft von Ihnen vermuten Sie dahinter als Ursache (wenn die Gedanken so weit gehen)?

> 2. Oder denken Sie, dass sie zwar nicht für die Ungewissheit selbst verantwort-
>   lich sind, aber doch schlechter damit fertig werden als andere? Kreiden Sie
>   sich eine Schwäche bei Umgang mit dem Ungewissen häufig selbst an (zu
>   ängstlich, Kontrollfreak)?

6. Ungewissheit ist unfair

Ist man bereits zum dritten Mal beim Hausarzt, aber die Ursache der Beschwerden ist immer noch nicht aufgedeckt, dann kann man sicherlich die Ursache für diese bleibende Ungewissheit bei sich selbst suchen – war man vielleicht zu nachlässig? Warum ist man nicht auch noch zu einem Facharzt gegangen? Aber häufig wird hier die Ursache eher beim Gegenüber gesucht – hätte der Arzt nicht schon längst Gewissheit schaffen müssen? Und überhaupt: Warum eigentlich ich? Schnell sind Vergleiche mit anderen Personen zur Hand – und der empörende Gedanke, dass anderen nicht derart viel Ungewissheit im Leben zugemutet wird. Ist es nicht ungerecht, immer wiedermit dieser Ungewissheit konfrontiert zu werden?

Konkrete Gedanken für diese häufig auftretende Überzeugung geringer Ungewissheitstoleranz lassen sich leicht vorstellen: Es ist einfach ungerecht, im Leben für nichts eine Garantie zu haben. Warum muss ich mich mit der ungewissen OP herumschlagen, und andere nicht. Das ist nicht fair! Mein Kollege wird doch mit ungewissen Situationen viel besser fertig als ich. Warum werde gerade ich dann andauernd damit konfrontiert? Es sind Gedanken, die eher mit Ärger als mit Angst verbunden sind.

Wieder zeigt eine psychologische Studie, dass sich diese Überzeugung häufiger bei Personen mit geringer Ungewissheitstoleranz findet als bei anderen, aber hier ist der Unterschied nicht so ausgeprägt: 90 % einer Gruppe mit einer geringer Ungewissheitstoleranz gaben an, dass Ungewissheit unfair sein kann – aber auch 75 % einer Gruppe ohne dieses Problem.

Allen Menschen erscheinen Ungewissheiten unfair, wenn andere Leute sie ihnen eingebrockt haben, oder wenn gravierende negative Folgen auftreten können ·(z. B. nicht wissen, ob eine nahestehende Person eine Operation überleben wird). Aber die Personen mit einer geringen Ungewissheitstoleranz (und nur diese) gaben noch zwei andere Gründe an, bei denen sie Ungewissheit als ungerecht oder unfair ansehen: Wenn es ungewisse Situationen sind, mit denen andere besser fertig werden als sie selbst. Und wenn sie es eigentlich nicht verdient haben, Ungewissheit ertragen zu müssen (Fracalanza 2015). Warum ich? Ich habe doch gar nicht getan, um diese Ungewissheit zu verdienen! In einer gerechten Welt, sozusagen, würden sie davon nicht geplagt werden.

Bestandsaufnahme der eigenen Ungewissheitsgedanken – Ungewissheit aushalten zu müssen ist unfair

1. Empfinden Sie bei der Auseinandersetzung mit ungewissen Situationen öfters nicht nur Angst, sondern auch Ärger darüber, dass Ihnen das zugemutet wird?
2. Denken Sie öfters, dass Sie das ganze Ungewisse einfach nicht verdient haben … Sie haben doch gar nicht Schlimmes angerichtet?
3. Ärgern Sie sich manchmal, dass anderen das Ungewisse viel leichter fällt, aber trotzdem Sie sich damit herumplagen müssen?

Welche der sechs Facetten haben Sie bei sich ausfindig gemacht? Was ist Ihr *Ungewissheitsprofil?* Kreuzen Sie die für Sie persönlich zutreffenden Facetten für einen Überblick in der Tabelle an (Tab. 2.1).

Beispiel

Herr Winter steht unruhig am Fenster. Es regnet. Nicht dass er gleich raus müsste. Seit er berentet ist, ist er ganz Herr seiner Zeit. Aber er macht sich Sorgen um seinen Keller. Er denkt an den Fleck. Seit etwa einem Jahr bildet sich dort in einer Ecke immer wieder ein kleiner dunkler Fleck, wenn es regnet. Am nächsten Tag ist er dann wieder weg, der Fleck.

Was kann das nur sein? Irgendwie Feuchtigkeit, wahrscheinlich nichts Schlimmes, aber wer weiß? Er sollte sich wahrscheinlich einfach nicht darum kümmern, aber das Unklare daran lässt ihn einfach nicht los. Anfangs ist er sofort in den Keller gegangen, wenn es angefangen hat zu regnen, immer wieder, um die Entwicklung des dunklen Flecks zu verfolgen. Er hat ihn betastet, hat sich hingekniet, um ihn genauer ins Auge zu fassen. Inzwischen macht er genau das Gegenteil: Er vermeidet es, selbst in den Keller zu gehen. Gelegentlich überredet er seine Ehefrau nachzusehen, die zwar gewöhnlich mit den Augen rollt, aber doch meistens seinem Wunsch nachkommt. „Und … wie ist es unten?" „Wie immer."

Aber egal, was er macht oder lässt, die Sache beschäftigt ihn gedanklich über Stunden. Was wenn die Grundmauern des Hauses durch eindringendes Wasser beschädigt sind? Er müsste vielleicht doch einmal einen Fachmann bestellen, der sich das ansieht. Aber wenn der nichts findet, weil es gerade nicht regnet? Und wenn letztlich sogar das Haus einstürzt? Er ist ja zum Glück versichert. Aber wenn herauskommt, dass er gegen das Wasser nichts gemacht hat? Dann steht er vielleicht ohne Haus und ohne Geld da. Wird er vielleicht sogar obdachlos? „Ach komm! Jetzt hör' endlich auf damit!" So herrscht er sich dann innerlich oft an. Aber schon nach einer nur kurzen inneren Stille beginnen die Zweifel erneut.

Wenn ihm dieser dunkle, feuchte Fleck in der Kellerecke einfällt, dann suchen Herrn Winter eine ganze Menge gut bekannter Gedanken heim. Vor allem beschäftigen ihn die möglichen Gefahren, die damit verbunden sein können. Wird es dadurch zu einem großen Schaden an seinem Haus kommen? Kann es womöglich sogar einstürzen? Nicht zu wissen, um was es sich handelt und wie es damit weitergehen wird, empfindet er auch als sehr belastend. Solche Unklarheiten hält er eben einfach schlecht aus. Er ist eben der Typ, der Klarheit braucht. Aber nun steht er hilflos dieser Sache gegenüber und weiß nicht weiter.

Und ein bisschen schämt er sich auch. Schließlich … wie steht er denn da, wenn jemand erfährt, dass er nicht einmal in der Lage ist, diese einfache Sache zu klären, sondern nur grübelnd am Fenster steht? Peinlich, peinlich. Aber etwas an der ganzen Sache macht ihn auch wütend. Warum passiert eigentlich immer ihm dieser unklare Mist! Womit hatte er das eigentlich verdient? Man muss sich doch nur mal die Nachbarn ansehen – die haben bestimmt nicht mit so vielen ungewissen Situationen zu kämpfen.

2.4 Eine Überraschung? Für mich? Wie schrecklich!

Für die meisten Menschen hat das Ungewisse auch eine angenehme Seite. Das Auspacken eines Geschenks oder der Ausgang eines Spiels sind eben eine angenehm fiebrige Sache (Abschn. 2.1). Ungewissheit kann also auch,

Tab. 2.1 Die sechs Facetten geringer Ungewissheitstoleranz und das eigene Ungewissheitsprofil

Facetten geringer Ungewissheitstoleranz	Beispielgedanke	Liegt diese Überzeugung bei mir vor oder nicht?
1. Gewissheit ist absolut notwendig	„Ich brauche 100 %ige Sicherheit"	
2. Ungewissheit ist gefährlich	„Vage, schwer zu durchschauende Situationen sind meist auch gefährlich"	
3. Ungewissheit ist belastend	„Ungewissheit macht das Leben schwer zu ertragen"	
4. Ungewissheit macht mich handlungsunfähig	„Wenn etwas Unerwartetes passiert, dann werde ich damit nicht fertig werden"	
5. Ungewissheit wirft ein schlechtes Licht auf mich	„Sich ungewiss sein, bedeutet, dass eine Person schlecht organisiert ist"	
6. Ungewissheit ist unfair	„Es ist einfach ungerecht, im Leben für nichts eine Garantie zu haben"	

und nicht so selten, die Quelle positiver Erlebnisse sein. Aber gilt das auch für *Personen mit einer geringen Ungewissheitstoleranz?*

Zumindest die bereits erwähnte Untersuchung konnte zeigen, dass auch bei geringer Ungewissheitstoleranz die Fähigkeit sich über positive Ungewissheiten oder das ungewisse Ergebnis im Sport zu freuen, nicht verschwunden ist. Auch bei geringer Ungewissheitstoleranz kann manchen ungewissen Situationen Positives abgewonnen werden – und die Betroffenen beschreiben als häufigsten Grund für das *Angenehme am Ungewissen* wie alle anderen Personen die Aufregung über mögliche positive Ergebnisse. Aber oft sind ihre Reaktionen auch bei solchen Anlässen ambivalenter als die von anderen Personen: Sie empfinden gleichzeitig trotzdem auch etwas Negatives gegenüber dem Ungewissen, selbst bei einem Geschenk oder einem spannenden Film mit ungewissem Ausgang (Fracalanza 2015).

Ziel des Ratgebers ist es nun, den *gedanklichen Filter geringer Ungewissheitstoleranz* auszuwechseln und ihn durch einen neuen angemessenen zu ersetzen, so dass positive Ungewissheiten wieder unbefangen genossen werden können. Es geht darum, eine *angemessene Ungewissheitstoleranz* aufzubauen: Gerät eine Person mit *angemessener Ungewissheitstoleranz* einmal in eine ungewisse Situation, dann verschließt sie sich ihr nicht, sondern bewahrt sich ihre Irritierbarkeit, ohne gleich Alarm zu schlagen – und stellt sich dem Ungewissen mit einer Art heroischen Gelassenheit. Einfach ist es nicht, eine solche Gleichmut, dem Ungewissen gegenüber zu erreichen: „Das fällt uns verständlicherweise nicht leicht. Wir wollen uns jederzeit sicher fühlen wie in Abrahams Schoß. Doch die Vernunft rät uns, von dieser Illusion Abstand zu nehmen" (Klein 2015, S. 481 f.). Aber so schwer ist es dann auch wieder nicht, wie Sie sehen werden.

Literatur

Domin H (2009) Sämtliche Gedichte. Fischer, Frankfurt a. M.

Fama J, Wilhelm S (2005) Formal cognitive therapy: a new treatment for OCD. In: Abramowitz JS, Houts AC (Hrsg) Concepts and controversies in obsessive compulsive disorder. Springer, New York, S 305–310

Fracalanza K (2015) An in-depth examination of intolerance of uncertainty and its modification in generalized anxiety disorder. Dissertation: https://digital.library.ryerson.ca/islandora/object/RULA%3A4338. Zugegriffen: 15. Apr. 2020

Gneezy U, List JA, Wu G (2006) The uncertainty effect: when a risky prospect is valued less than its worst possible outcome. Q J Econ 121:1283–1309

Hammelstein P, Roth M (2003) Sensation Seeking: Herausforderung zu einer dynamischen Perspektive in der Persönlichkeitspsychologie. In: Roth M, Hammelstein P (Hrsg) (2003) Sensation Seeking – Konzeption, Diagnostik und Anwendung. Hogrefe, Göttingen, S 286–292

Klein S (2015) Alles Zufall. Die Kraft, die unser Leben bestimmt. Fischer, Frankfurt a. M.

Lantermann E-D, Döring-Seipel E, Eierdanz F, Gerhold L (2009) Selbstsorge in unsicheren Zeiten: Resignieren oder Gestalten. Beltz, Weinheim

Lyng S (2008) Edgework, risk, and uncertainty. In: Zinn JO (Hrsg) Social theories of risk and uncertainty. Blackwell Publishing, Malden, S 106–137

Möller A, Huber M (2003) Sensation Seeking – Konzeptbildung und -entwicklung. In: Roth M, Hammelstein P (Hrsg) Sensation Seeking – Konzeption, Diagnostik und Anwendung. Hogrefe, Göttingen, S 1–28

OCCWG, Obsessive-Compulsive Cognitions Working Group (1997) Cognitive assessment of obsessive-compulsive disorder. Behav Res Ther 35:667–681

Robichaud M, Koerner N, Dugas MJ (2019) Cognitive behavioral treatment for generalized anxiety disorder. From Science to Practice. Second Edition. Routledge, New York

Sandau E, Baumann K, Linden M (2009) Weisheit und Weisheitstherapie in der Bewältigung von Lebensbelastungen. In: Linden M, Weig W (Hrsg) Salutotherapie in Prävention und Rehabilitation. Deutscher Ärzte Verlag, Köln, S 105–123

Wilde O (2014) Gesammelte Werke. Asklepiosmedia, Dinslaken

3

Entstehung und Verteilung geringer Ungewissheitstoleranz

Inhaltsverzeichnis

Ungewissheiten kann man im Leben nicht komplett entgehen (Kap. 1) und Menschen reagieren tendenziell eher mit Unbehagen auf sie – sie ziehen letztlich Gewissheit vor (Kap. 2): Das Ungewisse ist für jeden Menschen im Allgemeinen eher eine Zumutung. Aber bestimmte Personen zeigen eine besonders *geringe Ungewissheitstoleranz* (Abschn. 2.2), eine, die ihnen das Leben wirklich schwer machen kann (Kap. 6).

Schnell erscheint Ungewissheit als eine wirklich alltägliche Erfahrung. Aber sind ihr wirklich alle Menschen in etwa gleicher Menge ausgesetzt? Und gibt es bestimmte Personengruppen, die besser oder schlechter mit dem Ungewissen zurechtkommen? Und letztlich: Wie erwirbt man eigentlich ein besonders *ausgeprägtes Gewissheitsverlangen?* Das sind die Fragen, mit denen sich dies Kapitel beschäftigt. Auch wenn die Forschung zu diesen Fragen noch in den Kinderschuhen steckt, gibt es doch einige erste interessante Antworten.

© Springer-Verlag GmbH Deutschland, ein Teil von Springer Nature 2020
N. Spitzer, *Schritte ins Ungewisse*, https://doi.org/10.1007/978-3-662-61138-8_3

3.1 Ist ja nicht auszuhalten! Schöne neue Welt der Unverträglichkeiten

Das Bild von der geringen Ungewissheitstoleranz als einer *psychologischen Allergie* (Abschn. 2.2) wirkt nicht umsonst so treffend. Schließlich ist das Ungewisse nicht die einzige Zumutung, körperlich wie psychisch, auf die wir Menschen unverträglich reagieren können. Sie ist kein Solitär, sondern gehört zur großen Sippe alltäglicher Zumutungen, mit denen sich alle Personen herumschlagen müssen. Die Rede von *Intoleranzen* hat in den letzten Jahrzehnten sogar so etwas wie Karriere gemacht – man findet sie immer dort, wo Menschen in ihrem Kontakt mit einem Stück Umwelt unverträglich reagieren, auf Stoffe wie Laktose oder Fruktose zum Beispiel. Menschen sind nicht für alle Umweltbedingungen gleich gut ausgerüstet: Eine bestimmte Umweltbedingung ist für eine Gruppe an Personen oft einfach unbekömmlich und es kommt zu manchmal heftigen Abwehrreaktionen.

Die traditionsreichste Intoleranz aus dem psychischen Register ist sicherlich die *geringe Frustrationstoleranz* oder *Frustrationsintoleranz*. Sie hat inzwischen eine lange Geschichte, die bereits 1938 mit dem Psychoanalytiker Saul Rosenzweig beginnt. Heute wird unter einer *ausgeprägten Frustrationstoleranz* die Fähigkeit verstanden, alle möglichen Enttäuschungen und Zumutungen einigermaßen ertragen zu können.

Für viele Psychotherapieformen wie z. B. die *Rational-Emotive Verhaltens-therapie* (REVT) ist es eine wirklich existenzielle Fertigkeit, Frustrationen tolerieren zu können, denn Menschen stehen in einer fragilen Beziehung zur umgebenden Welt: Ihr Wollen ist schließlich stets dem Risiko des Scheiterns ausgesetzt, zumindest macht es oft Mühe und ist mit Entbehrungen ver-bunden, eigene Ziele zu verwirklichen. Ständig wollen Menschen eben etwas, müssen ihre Bedürfnisse erfüllen – und treffen dabei auf eine Welt, die diese Zielerreichung manchmal zulässt, ein anderes Mal schwer macht und oft genug auch völlig vereitelt. Ständig reibt man sich an der Welt. Eine *ausgeprägte Frustrationstoleranz* sorgt dafür, sich diesen Umständen trotzdem zu stellen, *eine geringe Frustrationstoleranz* hingegen verführt eine Person schnell dazu, lieber auf die Verwirklichung ihrer Ziele zu verzichten, um den damit verbundenen Zumutungen auszuweichen (z. B. Ellis 2003).

Sich dem *Ungewissen* stellen zu müssen, ist also nur eine der vielen Frustrationen, für die es sinnvoll ist, sie einigermaßen aushalten zu können. Es bieten sich letztlich unendliche Möglichkeiten an Frustrationen, denen irgendwie standgehalten werden muss, Belastungen, die auf eine besondere Unverträglichkeit treffen können, die alles noch schwerer macht. Beim Versuch, all diese Erbsen zu zählen, hat ein Psychologe einmal über vier-zig Unverträglichkeiten gegenüber speziellen Zumutungen aufgezählt: Zwischen einer geringen Schmerztoleranz und einer Intoleranz gegenüber bestimmten Gefühlen wie Scham, Angst, Wut, einer Abscheu gegenüber bestimmten Wahrnehmungen (Ich kann einfach keine Spinnen sehen!) und einer Unverträglichkeit gegenüber Ungerechtigkeiten, einer Unbequem-lichkeitsintoleranz, einer gegen Langeweile und einer gegen plötzliche Ver-änderungen findet sich hier auch die *geringe Ungewissheitstoleranz* – „The dire Need for Certainty" (Dryden 1999, S. 188).

Weiten Sie nun für einen Moment ihren Blick vom Ungewissen auf andere psychische (und körperliche) Zumutungen und dazu, wie gut sie diese aushalten können.

Aspekte der eigenen Frustrationstoleranz untersuchen

1. Gibt es neben dem Ungewissen noch andere Lebensumstände, die Sie besonders schlecht aushalten können? Schlechter vielleicht als andere?
2. Gibt es Frustrationen oder Umweltbedingungen, die sie gut aushalten können? Vielleicht besser als manche anderen?
3. Gehen Sie die im letzten Abschnitt aufgezählten Bereiche, gegenüber denen Personen manchmal eine Unverträglichkeit entwickeln, noch ein-mal durch: Finden sich dabei manche, die Sie auch nicht so gut tolerieren können: Schmerzen, bestimmte Gefühle, Langeweile?

4. Oder bleibt die Liste Ihrer Intoleranzen wirklich allein auf das Ungewisse beschränkt?

3.2 Ist das Maß an Ungewissheit wirklich für jeden gleich?

Die *Orte des Ungewissen* (Abschn. 1.2.2) haben oft mit Warten zu tun, auf die Fußballergebnisse oder den Befund vom Arzt. Sorgen um Unsicherheiten sind zudem häufig, fast jeder berichtet von ihnen – und sie beziehen sich meist auf die großen Lebensbereiche (Abschn. 1.2.3): Wie geht es beruflich weiter? Bleibe ich gesund? Hält die Partnerschaft? Daher scheinen sie so unglaublich universell: Alle Lebewesen müssen mit solchen Unsicherheit und Zufällen fertig werden, nicht wahr? Ungewissheiten sind allgegenwärtig: Was kommt auf den Angestellten im intriganten Gemenge seiner Firma wirklich zu? Hat die Liebste oder der Liebste monogame Absichten? Und wie wird sich das Zusammenleben in ein paar Jahren gestalten?

Und so sieht es auch die *Psychologie der Ungewissheit* – es geht ihr um das Ungewisse im „everyday life" (Koerner und Dugas 2006, S. 212): Im Alltag finden schließlich ständig Entscheidungen statt, die immer mit einem gewissen Grad an Ungewissheit versetzt sind – man weiß einfach nie bis ins Letzte Bescheid, über alle Computermodelle, die man kaufen könnte, über die Versicherung, die man abschließen sollte, den Beruf, den man am besten wählt, die Wohnung, die man mieten könnte.

Oft hängen die *alltäglichen Ungewissheiten* aber mit *langwierigen Unsicherheiten* in ganzen Lebensbereichen zusammen – die tägliche Ungewissheit im Beruf mit dem Zeitvertrag, die tägliche Sorge, ob die nächste Miete gezahlt werden kann, mit einem geringen Gehalt einer Halbtagsbeschäftigung. Die Lage ist denkbar einfach: Je unsicherer die Lebenssituation insgesamt, desto häufiger erlebt man konkret ungewisse Situationen. Und unsicheren Umständen sind vor allem Menschen aus unteren sozialen Schichten ausgesetzt: Sie arbeiten oft unter prekären Bedingungen wie Zeitverträgen, müssen mit geringeren finanziellen Mitteln zurechtkommen. Die Ungewissheiten, denen gerade sie ausgesetzt sind, treten häufiger auf: Wie lange reicht das Geld? Kann man sich noch auf Hilfe der Freunde verlassen? Aber auch die Zukunft ist ungewiss: Wie werden sich die schwierigen Verhältnisse weiterentwickeln? Und auch die Handlungsmöglichkeiten sind es nicht weniger: Was kann unternommen werden, um die aktuellen Lage zu verbessern (Lantermann et al. 2009)?

Je privilegierter die soziale Lage einer Person, desto größer ist dagegen die Planbarkeit der Zukunft und desto eher können eventuelle *Gefährdungen in Risiken* (Kap. 13) umgewandelt werden, zu deren Bewältigung erfolgversprechende Handlungen zur Verfügung stehen – ein verhältnismäßig sicheres Leben ist hier möglich. Aber die hohen Prozentzahlen von Personen, die ihr Leben als unsicher und ungewiss erleben (Abschn. 1.2.3), legen doch nahe, dass auch ein großer Teil der Mittelschicht vermehrt von Ungewissheiten betroffen ist. Und wirklich spricht viel für eine aktuelle „Entsicherung der Mitte" (Bahl 2018, S. 261): Risiken wie Arbeitsplatzverlust haben auch die Mittelschichten erreicht.

> „Wir leben in einer Gesellschaft, in der Gewissheiten zu einem knappen Gut, Ungewissheit, Riskanz und Prekarität individueller Lebensführung zur alltäglichen Erfahrung Vieler geworden sind" (Lantermann et al. 2009, S. 167).

Bestandsaufnahme unsicherer und sicherer Lebensbereiche

1. Nehmen Sie sich noch einmal die Liste ihrer Orte des Ungewissen vor (Kap. 1.2.3): Gibt es hinter ihnen Lebensbereiche, die langfristig ungewiss und unsicher sind? Die Gesundheit, der Beruf, die Partnerschaft?
2. Gibt es umgekehrt Lebensbereiche, in denen Sie aktuell sehr abgesichert sind? In denen, zumindest für die nächsten Jahre, die Lage klar und gewiss zu sein scheint? Sind es Lebensbereiche, in denen Sie auch weniger alltägliche Ungewissheiten erleben?

3.3 Welche Personen sind besonders empfindlich gegenüber Ungewissheiten?

Je privilegierter die soziale Lage, desto gewisser und sicherer ist also im Durchschnitt das Leben. Nur komisch, dass nun gerade die *Mittelschicht* über zunehmende Ungewissheit klagt. Denn wirklich überbietet inzwischen in neuen Untersuchungen die Gruppe der gehobenen Angestellten zusammen mit der Mittelschicht der Facharbeiter und Techniker „in ihrer empfundenen Statussorge und Verunsicherung selbst die Arbeitenden in den dienstleistenden Routinetätigkeiten" (Bahl 2018, S. 262) – obwohl ihre Ungewissheiten und Risiken objektiv viel geringer sind. Wie kann das sein?

Ein Erklärungsversuch hat mit einer unterschiedlichen *Ungewissheitstoleranz* der Schichten zu tun. Beruflich und finanziell schwieriger gestellte

Gruppen sind oft gezwungen nach dem Prinzip „Sichdurchbeißen" (Reckwitz 2019, S. 109) zu leben – und tun es notgedrungen auch.

Das Lebenskalkül der Mitte basiert hingegen darauf, durch Leistung und Weiterbildung beruflich aufzusteigen, das eigene Gehalt zu sichern oder zu steigern und so auch der nächsten Generation eine besondere Ausbildung oder ein Vermögen ermöglichen zu können. Eine solche Lebensführung verlangt eine große Planungssicherheit und macht Personen besonders anfällig für Ungewissheiten – und „so wurden den Mittelschichten in der Bundesrepublik lange Zeit typische kulturelle Merkmale zugeschrieben: etwa Bildungs- und Leistungsbereitschaft, langfristige Planung bei begrenzter Risikofreude sowie ein ausgeprägtes Familienideal" (Schad und Burzan 2018, S. 110). *Begrenzte Risikofreude* also: Die Mittelschicht ist gerade durch ihre Position zwischen einem eher sorglosen Reichtum der Oberschichten und einem Sichdurchbeißen prekärer Lebensbedingungen angesiedelt. Die empfundene Unsicherheit der Mitte ist dadurch schnell sehr hoch, man kann von einer *geringen Ungewissheitstoleranz der Mittelschicht* sprechen.

Gibt es für die geringe Ungewissheitstoleranz vielleicht auch ein bestimmtes Alter? Spontan denkt man dabei vielleicht an ein eher höheres Lebensalter und an ältere Personen, die gern alles beim Alten lassen und den Neuen eher widerwillig begegnen. Überraschenderweise deutet eine Umfrage genau in die entgegengesetzte Richtung – zumindest für die Ungewissheitsfacette „Ungewissheit macht mich handlungsunfähig" (Kap. 2.2). Zukunftsblockade bei 47 % der Twens, so titelt eine Zeitung nach einer Umfrage (Druyen 2018): Der Aussage „Wenn etwas anders läuft als geplant, bin ich schachmatt und möchte mich am liebsten in Luft auflösen" stimmten dabei ein hoher Prozentsatz aller Altersgruppen zu, vor allem aber innerhalb der Gruppe der 18-29 jährigen: (47 %) – mit dem Alter scheint danach die *subjektive Handlungsfähigkeit in ungewissen Situationen* anzusteigen.

In einer Studie aus der Pädagogik zeigt sich der *Grad an Ungewissheitstoleranz* zudem zwar nicht bildungs- oder geschlechts-, aber doch berufsabhängig. Am meisten Ungewissheitstoleranz brachten hier überraschenderweise die Verwaltungsangestellten auf, gefolgt von in der Industrie Arbeitenden und den Angestellten einer Fluglinie (Pilotinnen und Piloten, Flugbegleitung). Auffällig ist besonders das Ergebnis für Lehrerinnen und Lehrer, deren Ungewissheitstoleranz am geringsten ausfiel. Nach dieser Studie müssen Lehrer und Lehrerinnen also als eher ungewissheits*in*tolerant angesehen werden. Die Ursachen hierfür sind noch unbekannt: Werden sie es durch die Ausbildung oder wählen intolerantere Menschen gerade diesen Beruf (Dalbert und Radant 2010)?

Es finden sich also aktuell immerhin sehr vereinzelte Hinweise und Überlegungen dazu, welche Personengruppen von einem hohen *Sicherheitsbedürfnis* und *Gewissheitsverlangen*, also einer *geringen Ungewissheitstoleranz* geprägt sein könnten – sie sind sicherlich noch mit sehr viel Vorsicht zu genießen, machen aber doch nachdenklich: gerade die Verbindung zwischen der Häufigkeit von Ungewissheiten im Leben mit sozialer Ungleichheit, und dem Verzicht auf Lebenschancen, um sich trotzdem ‚durchbeißen' zu können.

3.4 Intoleranz gegenüber Ungewissheit – wie man sie erwirbt

Psychologen interessieren sich vor allem für die individuellen Unterschiede einer Eigenschaft wie der *Ungewissheitstoleranz* – schließlich findet sich auch in der gleichen sozialen Schicht, dem gleichen Alter oder demselben Beruf ein Mehr oder Weniger an Ungewissheitstoleranz. Man hat sogar schon ungewissheitstolerante Lehrer gesehen. Für manche Personen spielt eben Sicherheit eine besonders zentrale Rolle im Leben: Sie empfinden ein größeres Spektrum an Situationen als unsicher – und sind stärker daran interessiert, sich Klarheit und Sicherheit zu verschaffen oder zu bewahren. Personen mit weniger ausgeprägtem Sicherheitsverlangen begegnen den gleichen Situationen dagegen eher mit Neugier, Offenheit und Selbstvertrauen. Wie kommt es nun, dass manche Menschen Ungewissheit sehr gut aushalten können, während andere dagegen ihre Schwierigkeiten mit dem Ungewissen haben?

Die Antwort auf die Frage ist noch nicht abschließend geklärt (Grad 2011). Aber einige interessante Hinweise gibt es bereits. Manche Forscher setzen z. B. auf *Erbfaktoren*. Für sie hat es in erster Linie genetische Ursachen, ob Menschen Ungewissheit eher scheuen oder ob sie einen gewissen Nervenkitzel genießen können. Jedenfalls zeigen Studien von Entwicklungspsychologen, dass Kinder, die auffällig das Unbekannte meiden oder es im Gegenteil suchen, sich auch später als Erwachsene so verhalten: *Risikoscheu* beziehungsweise *Neugier* gehören zu den stabilsten Persönlichkeitsmerkmalen des Menschen (Klein 2015).

Andere Autoren betonen hingegen *kulturelle Faktoren:* „Unser Bildungssystem ist erschreckend blind im Hinblick auf Risikointelligenz. Wir lehren unsere Kinder die Mathematik der Sicherheit – Geometrie und Trigonometrie –, aber nicht die der Ungewissheit: Statistisches Denken" (Gigerenzer 2014, S. 27). Danach sind alle Menschen schlecht ausgerüstet, mit Ungewissheiten umzugehen. Damit verbunden ist oft die Aufforderung an die Politik, schon in der Schule Strategien für den Umgang mit einer ungewissen Welt zu vermitteln – und so die Ungewissheitstoleranz zu stärken.

Psychologen beschäftigen sich besonders mit dem Einfluss der Familie auf den *Umgang mit Ungewissheit* schon bei den Kindern. Erziehungsweisen, die den Umgang mit dem Ungewissen erschweren könnte, lassen sich leicht denken. Manche Autoren finden z. B. „die Übermutti. [...] Übermuttis arbeiten darauf hin, aus dem Leben ihrer Kinder das Versuch-und-Irrtum-Moment [...] zu eliminieren [...]. Ihre Kinder werden gute Schüler, aber Nerds – wie Computer, nur langsamer. Sie erwerben auch keinerlei Erfahrung im Umgang mit Ambiguität" (Taleb 2013, S. 375 f.).

Übermuttis stehen hier stellvertretend für eine *überfürsorgliche Erziehung*, die durch klare Regeln organisiert ist – und so den Kindern einfach keine Freiräume lässt, Erfahrungen mit dem Ungeregelten, Ungewissen zu machen. Die Forscherin Irene Goch hat die Beziehung zwischen verschiedenen Erziehungsstilen und der Ungewissheitstoleranz bei Kindern ausführlich untersucht (Goch 1997). Als eine weitere Erziehungsweise, die Kindern eine eher geringe Ungewissheitstoleranz vermittelt, gilt die *autoritäre Erziehung*: Schon in den1940er Jahren wurde ein Zusammenhang zwischen *Ambiguitätstoleranz* (Abschn. 1.2.1), einem der geringen Ungewissheitstoleranz ähnlichen Konzept, und ihr nachgewiesen – je enger also überfürsorgliche oder autoritäre Eltern die Regeln formulieren, desto schwerer wird es später für die Kinder mit dem Ungewissen. Möglicherweise lernen Kinder unter diesen Bedingungen einfach nicht, für eher unklare, wenig bestimmte Situationen ein Gefühl eigener Bewältigungsfähigkeiten zu entwickeln.

Drittens stehen auch Eltern, die kritisch und mit einem *Mangel an Wärme* auf ihre Kinder reagieren, unter dem Verdacht, eine geringe Toleranz gegenüber dem Ungewissen zu fördern. Hier erzeugen die Eltern beständig selbst eine bedrohliche Ungewissheit für ihre Kinder. Die Kinder können nicht sicher sagen, wie sehr die Eltern überhaupt zu ihnen stehen – es entsteht eine unsichere Bindung zwischen Eltern und Kindern. Und eine solche Ungewissheit über die Eltern lädt nun auch spätere Ungewissheit mit Bedrohlichkeit auf. Insgesamt erwerben also gerade Kinder von überbehütenden, sehr kontrollierenden, aber auch kritischen und kühlen Eltern nur eine geringe Toleranz gegenüber ungewissen Lagen. Umgekehrt fand

Goch Hinweise, dass eine *flexible Regelorientierung in der Familie* sowie eine nachsichtige und tolerante Erziehung einen positiven Zusammenhang zur Entwicklung der Ungewissheitstoleranz aufweisen.

Aber es gibt auch ein paar erstaunliche Ergebnisse. Besonders interessant waren hier Ergebnisse zu einem ansonsten eher kritisch gesehenen *inkonsitenten Erziehungsstil*: „Die Ungewißheitstoleranz der Kinder war umso stärker ausgeprägt, je ausgeprägter sie die inkonsitente Erziehung durch die Väter und Mütter sowie die Konfliktneigung in der Familie wahrnahmen" (Goch 1997, S. 105). Eine inkonsistente Erziehung? Damit ist eine Erziehung gemeint, die geprägt ist von widersprüchlichem und schwer zu deutendem Verhalten der Eltern – etwa wenn Kinder von ihren Eltern getadelt werden, ohne genau zu wissen wofür eigentlich.

Die Forscherin selbst war überrascht – ein eigentlich als negativ angesehenes Erziehungsverhalten wirkt sich hier positiv auf die entwickelte Ungewissheitstoleranz aus. Inkonsistentes Verhalten der Eltern muss danach also nicht unbedingt über eine unsichere Bindung zu einer geringen Ungewissheitstoleranz führen, sondern kann auch eine Art häufige Übungssituation im Umgang mit dem Unklaren sein, durch die im Gegenteil eine ausgeprägte Ungewissheitstoleranz entsteht. Inkonsistenz bleibt letztlich ein schwer zu bewertender Erziehungsstil: „Inkonsistente Erziehung kann einerseits Verwirrung und Verunsicherung hervorrufen und andererseits den konstruktiven Umgang mit ambiguitären Situationen fördern" (ebd., S. 132).

Verschiedene *Erziehungsstile* können also zur Entstehung einer geringen Ungewissheitstoleranz beitragen. Aber auch eine gewisse *Erblichkeit von Risikoscheu* sowie die *schulische Vorbereitung auf das Ungewisse* sollte man in einem so frühen Stadium der Forschung nicht außer Acht lassen. Insgesamt scheinen sich dabei hinter diesen ursächlichen Faktoren zwei Wege anzudeuten, auf denen eine *ausgeprägtere Ungewissheitstoleranz* erworben werden kann –durch das *Lernen von Techniken der Ungewissheitsbewältigung* und durch die häufige *Konfrontation mit ungewissen Situationen*. Beide Wege werden auch die Übungen in diesem Ratgeber beschreiten.

Bestandsaufnahme eigener Ursachen geringer Ungewissheitstoleranz

1. Können Sie sich noch an den *Erziehungsstil* in Ihrer Kindheit erinnern? Gehörte er vielleicht zu denen, die mit Problemen für die Ungewissheitsbewältigung in Verbindung gebracht werden: War er überfürsorglich? Wenig warmherzig und kritisch? Autoritär?

> 2. Wenn Sie an die Schule oder Vereine zurückdenken: Wurden Ihnen dort Fähigkeiten für den Umgang mit dem Unklaren, Ungewissen vermittelt? Oder war dort immer nur das Eindeutige und Klare gut?

Literatur

Bahl F (2018) Über Proletarität und Abgrenzungspraktiken. In: Schöneck NM, Ritter S (Hrsg) Die Mitte als Kampfzone. Wertorientierungen und Abgrenzungspraktiken der Mittelschichten. transcript, Bielefeld, S 261–275

Dalbert C, Radant M (2010) Ungewissheitstoleranz bei Lehrkräften. J LehrerInnenbildung 10:53–57

Druyen T (Hrsg) (2018) Die ultimative Herausforderung – über die Veränderungsfähigkeit der Deutschen. Springer VS, Berlin

Dryden W (1999) Beyond LFT and discomfort disturbance: the case for the term»Non- Ego Disturbance«. J Rational-Emot Cognitive-Behav Ther 17:165–199

Ellis A (2003) Discomfort anxiety: a new cognitive-behavioral construct (Part II). J Rational-Emot Cognitive-Behav Ther 21:193–202

Gigerenzer G (2014) Risiko: Wie man die richtigen Entscheidungen trifft. Btb Verlag, München

Goch I (1997) Entwicklung der Ungewißheitstoleranz. Die Bedeutung der familialen Sozialisation. S. Roderer Verlag, Regensburg

Grad JE (2011) Intolerance of uncertainty: a cognitive vulnerability that predisposes individuals to develop social anxiety? Dissertation. https://uh-ir.tdl.org/uh-ir/bitstream/handle/10657/250/GRAD-.pdf?sequence=1&isAllowed=y. Zugegriffen: 16. Apr. 2020

Klein S (2015) Alles Zufall. Die Kraft, die unser Leben bestimmt. Fischer, Frankfurt a. M.

Koerner N, Dugas MJ (2006) A cognitive model of generalized anxiety disorder: the role of intolerance of uncertainty. In: Davy GC, Wells A (Hrsg) Worry and its psychological disorders. theory, assessment and treatment. Wiley, Chichester, S 201–216

Lantermann E-D, Döring-Seipel E, Eierdanz F, Gerhold L (2009) Selbstsorge in unsicheren Zeiten: Resignieren oder Gestalten. Beltz, Weinheim

Reckwitz A (2019) Ende der Illusionen. Politik, Ökonomie und Kultur in der Spätmoderne. Suhrkamp, Berlin

Schad M, Burzan N (2018) Von Generation zu Generation. Strategien des Status-
erhalts im Kontext von Familien- und Berufsmentalitäten in der Mittelschicht.
In: Schöneck NM, Ritter S (Hrsg) Die Mitte als Kampfzone. Wertorien-
tierungen und Abgrenzungspraktiken der Mittelschichten. transcript, Bielefeld,
S 109–123
Taleb NN (2013) Antifragilität: Anleitung für eine Welt, die wir nicht verstehen.
Knaus, München

4

Vom Sozialstaat zur Risikogesellschaft

Inhaltsverzeichnis

Niemand kann in einer Welt leben, in der die Wirklichkeit komplett und sekündlich in Bewegung ist, ein völlig unberechenbarer Fluss der Ereignisse, dessen Richtung immer wieder überraschend wechselt: Ein Kern an *Seinsgewissheit* (Kap. 1), ein Stück Erwartungssicherheit, ist einfach nötig. Das ist eine der Aufgaben menschlicher *Gesellschaften*. Sie bilden ein mehr oder weniger sicheres Biotop, in dem wir leben. Die existentiellen Ungewissheiten von Krankheiten oder Naturkatastrophen können von der Gesellschaft mehr oder weniger gut aufgefangen und abgefedert werden.

© Springer-Verlag GmbH Deutschland, ein Teil von Springer Nature 2020
N. Spitzer, *Schritte ins Ungewisse,* https://doi.org/10.1007/978-3-662-61138-8_4

Manche Soziologen sehen in der *Herstellung von Sicherheit und Gewissheit* sogar eine der Hauptaufgaben menschlicher Gesellschaften überhaupt: „Ungewissheit ist ein omnipräsentes Merkmal sowohl der Natur als auch der sozialen Welt. Ungewissheit war wahrscheinlich die treibende Kraft für die Bildung von Gesellschaften überhaupt, um Sicherheit, Prosperität und Überleben zu verbessern" (Kolliarakis 2013, S. 313). Kultur und Gesellschaft dienen danach dazu, die Menschen relativ unabhängig zu machen von Gefahr und Not, Krankheit und Mühe – von allen naturwüchsigen *Frustrationen*, die in der Welt auf sie warten (Abschn. 3.1). Der Schriftsteller Hans Magnus Enzensberger hat diese allgegenwärtigen Zumutungen durch das Ungewisse und die gesellschaftlichen Lösungsversuche treffend eingefangen.

Immer diese Ungewißheit! Nur wer tot ist, geht kein Risiko mehr ein. Solange das Gedächtnis der Menschheit zurückreicht, hat sie Praktiken erfunden, um mit den scheinbar unberechenbaren Wechselfällen ihrer Existenz fertig zu werden. Ohne Schamanen, Wahrsager, Magier, Sterndeuter und Priester ist keine frühe Gesellschaft ausgekommen. Orakel, Amulette, Beschwörungsformeln gehörten zu den unentbehrlichen Techniken, um das Schicksal des Kollektivs und des Einzelnen zu deuten und zu beeinflussen. Alle diese Mittel erfreuen sich bekanntlich auch heute noch großer Beliebtheit. (Enzensberger 2009, S. 14)

Leben wir im Moment eigentlich in einer sicheren oder ungewissen Welt? Schafft es unsere Gesellschaft, naturwüchsige Ungewissheiten gut aufzufangen? Oder erzeugt sie sogar selbst neue Ungewissheiten? Das sind die ersten Fragen, auf die dieses Kapitel eine Antwort zu geben versucht.

Aber nicht nur der objektive *Grad an Ungewissheit, sondern* auch die subjektive *Toleranz für das Ungewisse* unterliegt einem gesellschaftlichen Wandel. Die Gesellschaft vermittelt ihren Mitgliedern schließlich auch ein bestimmtes Ideal, wie sie mit dem Ungewissen am besten umgehen sollten – und rüstet sie mit einem bestimmten *Sinn für das Ungewisse* aus, um diesem Ideal gerecht werden zu können: Sie kann ebenso das *Sicherheitsdenken* fördern wie die *Risikobereitschaft.* Dafür legt sie zum Beispiel Eltern bestimmte *Erziehungsstile* nahe und kritisiert andere – und sie gestaltet Schulpläne dahingehend, dass sie Fähigkeiten für den Umgang mit Ungewissheiten vermitteln (Abschn. 3.4). Oder eben nicht. Wie sieht heute eigentlich der angebotene *Sinn für das Ungewisse* aus, den die aktuelle Gesellschaft gern an ihren Mitgliedern sähe? Der zweite Teil dieses Kapitels widmet sich dieser Frage.

4.1 Die feste Moderne – das Versprechen auf ein überschaubares Leben

Die *Moderne* beginnt für viele Geschichtsforscher mit dem Aufkommen der Wissenschaft, wie wir sie kennen. Ursprünglich ging diese von einer *prinzipiellen Berechenbarkeit der Welt* aus. Die Sache schien doch relativ einfach – die Teile der Welt greifen ineinander wie die Räder einer Maschine, ja sogar einer ganz bestimmten Maschine, etwa beim berühmten Naturforscher Issac Newton: „Newtons Welt ist ein Uhrwerk. [...] Gleichungen regeln die Bewegung aller Körper. Wer den heutigen Stand der Dinge und sämtliche Kräfte kennt, kann die ganze Zukunft vorhersagen" (Klein 2015, S. 65). Dieses Weltbild verbreitete sich schließlich während der *Aufklärung* des 18. Jahrhunderts.

Das Leben sollte nun absehbar und planbar werden, die *Seinsgewissheit* für alle Menschen rapide zunehmen. Es war für den Soziologen Zygmunt Bauman eine *feste Moderne,* deren Gegner feststand: „Das Andere ist die Ungewißheit, jener Ursprung und Archetyp aller Furcht" (Bauman 2005, S. 20). Newtons Lehre nährte die Hoffnung, dass Zufälle und Überraschungen auch im gesellschaftlichen Miteinander bald der Vergangenheit angehören könnten. Die moderne Verwaltung schuf ebenfalls Gewissheiten – die neue Bürokratie strebte an, auch zwischenmenschliche Prozesse zu planen und zu kontrollieren. Das moderne Projekt der Medizin hatte sich die Ausrottung sämtlicher Krankheiten zum Ziel gesetzt.

Der Wandel lässt sich sehr gut am Beispiel des Gewitters veranschaulichen. Vor der Moderne wurden ungewisse Gefahren wie der Blitzeinschlag bei einem Gewitter noch im Sinn eines persönlichen Angriffs einer höheren Macht verstanden, die den Menschen strafen wollte (Gregory 2009) – oder sie wurden zu einem grandiosen Spektakel poetisiert. Mit der Hypothese der Gewitterelektrizität, wie sie Benjamin Franklin ab 1752 verbreitet hat, verwandelte sich diese unwägbare Bedrohung in ein modernes, durchaus kontrollierbares *Risiko* (Kap. 13).

Natürlich war auch in der *festen Moderne* längst nicht alles beherrschbar, aber die verbliebene *Ungewissheit* wurde heruntergespielt: Sie war eben ‚noch nicht‘ überwunden, nur ein unbedeutender Rest, den der weitere Fortschritt sicherlich bald beseitigen würde. Außerdem zerstörte die Moderne bisherige *Techniken der Gewissheitsherstellung:* traditionelle Verbände, religiöse Weltbilder sowie landwirtschaftliche und handwerkliche Erfahrung – alte Strukturen werden als Aberglaube oder überkommene Methoden beseitigt, aber neue wie die Wissenschaft oder die Verwaltung wurden dafür aufgebaut.

In der schon sehr langen Geschichte der Moderne, die bis heute reicht, gab es nun immer wieder Epochen, in denen das moderne Versprechen einer berechenbaren Welt ohne Ungewissheiten besonders ernst genommen wurde. Zuletzt findet sich eine solche *Phase des Gewissheitsoptimismus* in den drei Nachkriegsjahrzehnten – eine noch nicht sehr lange zurückliegende Zeit der *festen Moderne* (Bauman 2008). Das Leben im Nachkriegsdeutschland war relativ absehbar – es gab einen typischen Lebenslauf und gewöhnlich unbefristete Arbeitsverträge. In dieser Generation war *Ungewissheit* vor allem an seltene Übergänge im Leben gebunden, also ein temporäres Phänomen – Passagen wie die Pubertät oder der Übergang ins Rentenalter. Ungewissheit gab es, aber sie hatte im Leben eher seltene Auftritte: „Wir überschreiten eine Schwelle vom bereits Bekannten ins Ungewisse. Solchen Passagen sehen wir oft gespannt oder auch ängstlich entgegen, weil wir nicht wissen, wie wir sie meistern werden und was sie für uns bereithalten" (Knapp 2015, S. 9). Auch in der festen Moderne war also *ein hohes Maß an Unsicherheitstoleranz* durchaus von Vorteil – diese Fertigkeit fand allerdings nur in seltenen Lebenssituationen Verwendung.

4.2 Die flüchtige Moderne – abnehmende Gewissheiten und explodierende Möglichkeiten

Warum wirkt diese Welt der klaren Verhältnisse und allenfalls gelegentlichen Übergänge heute nur schon derart weit entfernt? Überall scheint sich das Ungewisse, Unsichere auszubreiten. Alles ist irgendwie unklarer, ungewisser, unübersichtlicher geworden. Heute scheinen Veränderungen gar nicht mehr aufzuhören – das Internet und seine unberechenbare Entwicklung, bisher unbekannte Seuchen wie das Coronavirus, der plötzliche Fall der Mauer, Börsenschwankungen. Was ist nur aus dem überschaubaren Leben geworden? Und auch viele Zeitdiagnostiker gehen von einer irgendwie *gestörten Seinsgewissheit in der aktuellen Gesellschaft* aus – einen Wandel von einer *festen Moderne* zu einer *flüchtigen Moderne* (Baumann 2008).

Glaubt man populären Zeitdiagnosen, dann leben wir inzwischen in einer *Risikogesellschaft* oder einer *Multioptionsgesellschaft* – das Leben in ihr erscheint voller Gelegenheiten: Nichts ist mehr sicher oder bewährt, alles ist möglich. In dieser *flüchtigen Moderne* kommt es zudem nicht mehr nur zu wenigen Übergängen im Leben, die den Einzelnen mit dem Ungewissen konfrontiert, sondern ständig passiert etwas Neues, auf das es sich einzustellen gilt. Oft genug wird diese Entwicklung als ein goldenes Zeitalter unendlicher Möglichkeiten gepriesen, wenn man nur risikobereit genug ist, sie zu nutzen – aber ist es das wirklich? Ist hier wirklich als Gold, was glänzt? Schon wenige Beispiele machen die Zunahme der Ungewissheiten greifbar.

So hat das Tempo gesellschaftlicher Veränderungen zugenommen und überfordert die Routinen. Wir leben, so sind sich viele Experten einig, in einem „Zeitalter der Beschleunigung" (Han 2009, S. 7): Moden werden immer wechselhafter, Wissen wird rascher entwertet, Produkte veralten schneller,

Kapital und Informationen bewegen sich schneller, immer öfter wechseln die Jobs, die Partner oder die Wohnorte. Auch mit den Neuerungen bei den Dingen kommt man einfach nicht mehr hinterher. Was kann der gerade gekaufte Computer? Wie geht die neue App? Man könnte natürlich noch eben das Handbuch lesen und sich gründlicher einarbeiten, nur hat man dazu natürlich gar keine Zeit: „Flüchtig-modern ist eine Gesellschaft, in der sich die Bedingungen, unter denen ihre Mitglieder handeln, schneller ändern, als es Zeit benötigt, um Handlungsweisen zu Gewohnheiten und Routinen zu verstetigen" (Micali 2018, S. 91).

Die sozialen Sicherungssysteme sind zudem zurückgebaut worden. Der Sozialstaat der Nachkriegsjahrzehnte besaß breit angelegte Absicherungen gegen individuelle Schicksalsschläge, die aber spätestens seit den 1990er Jahren schrittweise abgebaut werden. Dadurch wird der Einzelne verstärkt den Unwägbarkeiten des Marktes ausgesetzt, etwa in Form von zeitlich begrenzten Arbeitsverträgen. Dieser gesellschaftliche Umbau soll die Unternehmen fördern, ihnen mehr Freiheiten und Flexibilität ermöglichen, schön und gut, aber – „was für die Firmen Sicherheit bedeutet, ist genau das, was für ihre Mitarbeiterinnen Unsicherheit bedeutet" (Cabanas und Illouz 2019, S. 103). Deren Bedürfnis nach Überschaubarkeit, Kontrollierbarkeit und Sicherheit wird nicht länger mehr erfüllt.

Gleichzeitig haben die Wahlmöglichkeiten deutlich zugenommen. In der modernen *Multioptionsgesellschaft* (Gross 1994) ist die Welt organisiert wie ein riesiger Warentisch auf dem alle Möglichkeiten ausgebreitet sind. Die Wahl des Stromversorgers, der Rentenvorsorge, der Krankenversicherung wird der staatlich geregelten Struktur entzogen und in die Hände der einzelnen Konsumenten gelegt. Und die Möglichkeiten sind schier unendlich: Eintausend Versicherungen, Mobilfunktarife, Geldanlagen, Stromtarife, Altersvorsorgen. Die Möglichkeitsvielfalt ist explodiert und zu einer Quelle von Ungewissheit geworden. Man kann sich gar nicht mehr ausreichend über alle Alternativen informieren. Was ist nur das Richtige? Ähnliches gilt selbst für die großen Lebensentscheidungen, etwa die Berufs- oder Partnerwahl … so viele Berufsprofile, so viele Personen in den Datingportalen. Neben dieser Ungewissheit darüber, was man wählen soll, entsteht oft noch eine eigentümliche moderne Hetze, befeuert durch die Maxime: „Wer doppelt so schnell lebt, kann doppelt so viele Lebensoptionen auskosten" (Han 2009, S. 16).

Schließlich sind viele Zusammenhänge unübersehbar kompliziert geworden. Die Globalisierung ist sicher nicht allein verantwortlich für diese neue Unübersichtlichkeit. Aber selbst Experten zeigen sich heute zunehmend überfordert bei Prognosen, bedingt durch die zunehmende Komplexität der Welt. Jeder ist heute spürbaren Folgen ausgesetzt, deren kompliziertes Geflecht von Ursachen oft nicht einmal ansatzweise verständlich ist. Die Folge ist der Eindruck, dem Unberechenbaren deutlich stärker ausgesetzt zu sein.

Es ist sicherlich kein infernalisches Weltuntergangsszenario, das die *flüchtige Moderne* am besten beschreibt – die Gewissheiten haben nur ein wenig nachgelassen und die Wahlmöglichkeiten ein bisschen zugenommen. Eine Folge davon ist allerdings eine allgegenwärtige Ungewissheit, der alle Personen in der flüchtigen Moderne ausgesetzt sind: Wir.

Flüchtige Moderne und Ungewissheit

Der Abbau von Regulierungen und die Schwemme von Optionen, zwischen denen gewählt werden muss, haben in den letzten dreißig Jahren für eine Zunahme von Ungewissheit und Unsicherheit gesorgt. Das hohe Tempo der Neuerungen lässt die Ausbildung von Routinen nicht mehr zu, staatliche Sicherungen werden abgebaut, überbordende Möglichkeitsvielfalt auf den Märkten schafft zudem überall Unübersichtlichkeiten – und außerdem wird alles immer komplizierter. Für den Soziologen Zygmunt Bauman stehen dadurch alle Zeitgenossen vor einer neuen Anforderung: „Insgesamt gesehen ergibt sich […] die Notwendigkeit des Handelns […] unter den Bedingungen einer endemischen Ungewissheit" (Bauman 2008, S. 11).

4.3   Ein Wandel des Ungewissheitssinns?

Das Leben ist ungewisser geworden in der flüchtigen Moderne und entsprechend steigen die Anforderungen an den Einzelnen, besser mit dieser zunehmenden Ungewissheit fertig zu werden. *Ungewissheitstoleranz* steigt von einer eher randständigen Fähigkeit für die wenigen Lebensübergänge zu einer zentralen Schlüsselkompetenz auf: „Wer Ambivalenzen aushalten und produktiv mit ihnen umgehen kann, ist in der Spätmoderne klar im Vorteil" (Reckwitz 2019, S. 13).

4.3.1   Sicher ist sicher: neue Ungewissheiten, altes Sicherheitsdenken

Die meisten Menschen nehmen natürlich die vermehrte Ungewissheit der Gegenwart wahr – und sie macht keinen guten Eindruck auf sie: Die gegenwärtige Möglichkeitsvielfalt bei gleichzeitiger Deregulierung wird eher als Bedrohung denn als Verheißung wahrgenommen. So gaben in einer

Allensbach-Umfrage 79 % der Befragten an, dass sie ein sicheres Leben in bescheidenem Wohlstand einem Leben mit Risiken, aber großen Chancen vorziehen. Diese Position nahm zwar mit dem Alter zu, aber auch bei den Befragten unter 30 Jahren erreichte die Aussage noch eine Zustimmung von 68 % – „Wollte man die Mentalität der Gegenwart auf einen einfachen Nenner bringen, dann hieße dieser: ängstliche Vermeidung alles Widerständigen, Risikobehafteten und Unberechenbaren" (Koppetsch 2013, S. 10).

Der Großteil der Bevölkerung würde es legitimer Weise also vorziehen, lieber *Sicherheit und Gewissheit* zu vergrößern als die *Ungewissheitstoleranz.* Er entspricht eher dem Typus des *Präventionisten* (Bröckling 2017): dem Präventionisten geht es nicht darum, Ungewissheit als etwas Schicksalhaftes hinzunehmen und sich damit zu arrangieren, sondern er setzt weiterhin auf das Absichern der Wirklichkeit – alles, was hilft, planmäßig und zweckgerichtet vorzugehen, ist ihm dabei willkommen. So wappnen sich *Präventionisten* im Alltag gegen alle möglichen Gefahren mit zusätzlichen Schlössern oder gepanzerten Autos (SUVs): Die SUVs, die in den USA bereits 45 % der verkauften Autos ausmachen, sind so etwas wie *Verteidigungskapseln* gegen die Ungewissheiten des städtischen Straßenverkehrs (Bauman 2008). Und auch die aktuelle *Nostalgiebegeisterung* lässt sich mit dieser Abwehr des neuen Ungewissen in Verbindung bringen: Orientierung wird nicht mehr in einer ungewisse Zukunft, sondern lieber in einer scheinbar sicheren und gewissen Vergangenheit gesucht. Manche Soziologen sehen sogar in den *rechtspopulistischen Protestbewegungen* einen Ausdruck dieser Versuche, gegen die neuen Ungewissheiten Sicherheit und Gewissheit zurückzugewinnen – man grenzt sich ab und hält das ungewisse Fremde draußen (Koppetsch 2019).

Es scheint also einen *Riss* zu geben zwischen zunehmenden Ungewissheiten und Sicherheitswünschen: Die flüchtige Moderne produziert mehr Ungewissheiten, aber die Bevölkerung will eigentlich lieber mehr Sicherheit und Gewissheit zurück. Die Begeisterung für die neuen Möglichkeiten hält sich trotz aller Werbung doch ziemlich in Grenzen. Es ist ein Riss zwischen der *Anforderung, sich mit den neuen Ungewissheiten zu arrangieren* und einem bleibenden (und verständlichen) *Sicherheitsbedürfnis.* Irgendwie scheint die ungewisse Gegenwart nicht so recht zu den Wünschen und der Kompetenzausstattung ihrer Bürger bezüglich des Ungewissen zu passen.

Aber die alte Sicherheits- und Gewissheitsorientierung hat inzwischen keine gute Presse mehr. Der *Präventionist,* so tönen inzwischen die meisten Stimmen, hat um den Preis relativer Berechenbarkeit ein langweiliges Leben gewählt. Den *Sicherheitsdenkern* wird vorgeworfen, die Möglichkeiten zu verpassen, weil sie ihnen zu risikoreich erscheinen. Sie betreiben eine Verleugnung der aktuellen Wirklichkeit – Möglichkeitsverweigerung, feige Flucht vor den Chancen. Der Wunsch nach Sicherheit und Gewissheit wird aus diesem Blickwinkel zu einer deformierenden *Ungewissheitsverweigerung*. Fühlen sich Menschen heute einmal endlich sicher, dann wird schnell davon geredet, dass man sie aus ihrer *Komfortzone* herausholen muss. Die Angst vor dem Ungewissen sollte besser einem lustvollen Ergreifen der vielfältigen Möglichkeiten weichen: „Sich Sicherheit zu wünschen, wird zum verbotenen Gut" (Senne und Hesse 2019, S. 387). *Sicherheitsdenker* sind inzwischen vermehrt Gegenstand von Belustigungen: Das Ideal ihrer Welt „ist eine Art geräumiger Aktenschrank, der all die Akten enthält, die all die Einzelheiten enthalten, welche die Welt enthält – aber jede Akte und jede Einzelheit auf einem gesonderten Platz ganz für sich beschränkt" (Bauman 2005, S. 13).

Werden derart starke Geschütze aufgefahren, um die stille Mehrheitsposition von *Sicherheitsdenken* und *Gewissheitsverlangen* sturmreif zu schießen, dann lehnt man sich wohl nicht zu sehr aus dem Fenster, wenn man annimmt, dass eine solche Gewissheits- und Sicherheitsbetonung gesellschaftlich nicht besonders erwünscht ist. Zu sehr weichen die *Präventionisten* mit ihrem Gewissheitsverlangen inzwischen vom Ideal einer *ungewissheitsfreundichen Person* ab.

4.3.2 Die neuen ungewissheitsfreundlichen Typen – Künstler und Unternehmer

Wie wird nun der widerspenstigen Bevölkerung ein *neuer Sinn für das Ungewisse* nahegebracht, der die vielen Wahlmöglichkeiten als Chancen und Herausforderungen versteht – von ungewissheitsfreundlichen Erziehungsstilen und Lerninhalten in den Schulen (Abschn. 3.4) einmal abgesehen? Ein besonders wichtiges Mittel, diesen neuen *Sinn für das Ungewisse* attraktiv zu machen, sind *Vorbilder* – Typen, die vorleben, wie heute ein richtiges, gelungenes Leben zu führen ist.

Letztlich sind sich alle Gegenwartsdiagnostiker erstaunlich einig: Der *Unternehmer* und der *Künstler* sind heute die einflussreichsten Vorbilder für alle Gesellschaftsmitglieder geworden. Alle sollen heute möglichst kreativ sein und unternehmerisch denken. Dabei steht der Unternehmer heute längst nicht mehr in Opposition zum Künstler, im Gegenteil: Der Unternehmer ist kreativ, und der Kreative hat unternehmerische Qualitäten. Wo beide Typen verschmelzen entsteht eine Figur, die der Zeitdiagnostiker

David Brooks bereits 2000 als *Bobo* bezeichnet hat – eine Mischung aus Bourgeoisie und künstlerischer Bohème: „Sie möchten einerseits erfolgreich und wohlhabend sein, andererseits als rebellisch und unorthodox oder wenigstens als romantisch und friedliebend gelten" (Koppetsch 2019, S. 197). Es sind erfolgreiche Unternehmer mit künstlerischem Flair, Künstler mit Geschäftssinn. Sie zeigen außerdem eine große *Nähe zum Ungewissen* und legen eine große *Ungewissheitstoleranz* vorbildlich an den Tag.

> **Ungewissheitstoleranz und die flüchtige Moderne**
>
> Für Personen mit einer *geringen Ungewissheitstoleranz* verschärft die aktuelle *flüchtige Moderne* die Situation: Sie erzeugt mehr Ungewissheiten und erhöht gleichzeitig auf alle Personen den Druck, sich *risikobereit* mit dem Ungewissen zu arrangieren. Ein vorher noch legitimes *Sicherheitsdenken* wird dagegen entwertet.
>
> Für einen neuen positiven *Sinn für das Ungewisse* werben Vorbilder wie die ungewissheitsfreundlichen Figuren des Künstlers und des Unternehmers, die Leitbilder für alle Zeitgenossen geworden sind. Heute erscheint es ausgesprochen attraktiv, ein *unternehmerisches Selbst* und ein *kreatives Selbst* zu sein – und beide propagieren einen sehr *positiven Sinn für das Ungewisse.*

4.3.3 Der Künstler: das Ungewisse als Quelle für einen kreativen Einfall

Kreativität ist heute wirklich von jedem und überall gefragt – sie hat einen guten Ruf. Dabei ist der Begriff *Kreativität* noch relativ jung, ein US-Import aus der Zeit nach dem zweiten Weltkrieg. Anders als der ähnliche Begriff des *Genies* beinhaltet er eine viel demokratischere Vorstellung – es gibt nur wenige Genies, aber jeder kann kreativ sein. Träger des Kreativen sind heute besonders die Kulturberufe in den großstädtischen Dienstleistungszentren: Beratung und Informationstechnologie, Design und Werbung, Tourismus, Finanzen und die Unterhaltungsindustrie. Aber sie beschränkt sich längst nicht mehr nur auf diese Berufe: „Alle Subjekte sind ab den 1990ern Künstler: Sie sind Lebenskünstler, weil sie ihr Leben kunstvoll gestalten, Neues ausprobieren und der Welt ihren Stempel aufdrücken" (Senne und Hesse 2019, S. 37).

Die neue *künstlerische Haltung des Kreativen* erschöpft sich außerdem nicht allein in der Arbeit, sondern durchdringt alle Lebensbereiche. Kreative Personen sind in der Lage, viele Alltagsereignisse in besondere Momente zu verwandeln: Besonders Liebes- und Naturerfahrungen, künstlerische Wahrnehmungen und sexuelles Erleben, aber auch Erfahrungen der Elternschaft und bestimmte Formen körperlich-sportlicher Erlebnisse sind dafür besonders geeignet. Kreativität lebt sich heute letztlich überall aus (Reckwitz 2017).

Aber woher *das Neue, Innovative* nehmen (wenn nicht stehlen)? Für den Künstler und seinen Ideenreichtum stellt die *Ungewissheit* eine Art Nährboden dar, von dem sich der Kreative nicht zu weit entfernen darf. Die Fähigkeit, etwas Neues zu schaffen, ist schon definitionsgemäß nicht wirklich mit Gewissheit herbeizuführen so wie eine Fahrradreparatur: Man kann zwar ihre Rahmenbedingungen gut einrichten, aber es bleibt immer noch ein unerklärlicher Sprung in den Einfall – die Idee kommt eben oder sie kommt nicht. Man denkt sie nicht, sie fällt einem ein. Man kann sie nicht einfach aus dem Kopf herausdrehen wie eine Schraube. *Ungewissheit* muss bei der Kreativität nicht nur ausgehalten, sondern sogar absichtlich hergestellt werden – sie ist letztlich die Quelle des Künstlerischen. *Intoleranz gegenüber Ungewissheit* wäre sozusagen der Tod der Kreativität. Jeder Kreative muss *die eigene Ungewissheit kultivieren* können – und viele Kreative haben dafür ihre ganz eigenen Methoden: „Während ich diese Zeilen schreibe, versuche ich so weit es geht die Tyrannei eines präzisen, ausgefeilten Plans zu vermeiden; ich schöpfe aus einer opaken Quelle in meinem Inneren, die immer neue Überraschungen hervorbringt. Schreiben lohnt sich nur, wenn es mich mit dem prickelnden Gefühl von Abenteuer erfüllt" (Taleb 2013, S. 114).

4.3.4 Der Unternehmer: Wer wagt, gewinnt

Unternehmer – Begriffe, manchmal sagen sie einem mehr als sie eigentlich wollen: Im englischen Sprachgebrauch des 17. und 18. Jahrhunderts bezeichnete ‚*undertaker*‘, das übersetzt als ‚Unternehmer‘ bald darauf ins Deutsche aufgenommen wurde, anfangs nicht jeden selbständigen Geschäftsinhaber, sondern vor allen den Führer eines ganz besonderen Geschäftes … den Bestattungsunternehmer (Bröckling 2004). Heute wird das Unternehmerische von jedem erwartet. Der Unternehmer fungiert inzwischen als ein Leitbild für den heutigen Menschen: „Wir alle, sofern wir es nicht schon vorher waren, sind jetzt Manager" (Bartmann 2012, S. 19).

Hat man diesen Typen des lässigen modernen Unternehmers nicht auch gleich vor Augen? Er ist risikobereit und entscheidungsfreudig, trägt Jeans und ist teamfähig. Er ist vom Sportler und Abenteurer nicht mehr weit entfernt. Und er hat sich inzwischen ganz schön breit gemacht: Seinen Vorgänger, den Beamten, den Ausführenden vorgegebener Schemata, gibt es heute eigentlich nur noch als Problem.

Unternehmer spekulieren an Märkten und gehen *Risiken* (Kap. 13) ein, um Gewinn zu machen. Aber Unternehmer kalkulieren nicht nur Risiken – sie zeichnen sich auch dadurch aus, „dass sie unter Bedingungen reiner, das heißt nicht in kalkulierbare Risiken zu überführender Ungewissheit agieren" (Bröckling 2004, S. 274): Zum wirklichen Unternehmer wird nur, wer den Rahmen bloßer Kosten-Nutzen-Kalküle überschreitet und immer wieder den Schritt hinaus ins Ungewisse wagt. Wirtschaftliche Unternehmungen und Ungewissheit sind also eng miteinander verquickt – Unternehmer spekulieren an ungewissen Märkten. Wie der *Ort des Ungewissen* für den Kreativen das eigene Innere ist, so ist es für den Unternehmer die äußere Unwägbarkeit. Er muss sich immer an einer zukünftigen Nachfrage orientieren, die nie exakt berechenbar ist. Im Wirtschaftsleben sind eher die Risikobereiten, die sich der Ungewissheit stellen, die Gewinner. *Ungewissheitsfreundlichkeit* ist daher eine Eigenschaft, die keinem findigen Selbstunternehmer fehlen darf.

4.4 Nachteile der Ungewissheitsfreundlichkeit – Driften statt Identität

Es wird also in populären Vorbildern dringend empfohlen, mehr Zeit mit dem Ungewissen zu verbringen: Der Unternehmer bewegt sich routiniert in den Sphären wirtschaftlicher Risiken – und für den Künstler bildet das Ungewisse eine Art Schatzkammer der eigenen Kreativität, die man nicht oft genug aufsuchen kann. Der vermehrten *gesellschaftlichen Ungewissheit* mit einem neuen positiven *Sinn für das Ungewisse* begegnen – das hört sich erst einmal gut an. Man sperrt sich nicht mehr gegen das Unvermeidliche wie ein *Präventionist*, sondern sucht in den neuen Ungewissheiten seine Chancen. Zumindest Probleme mit einem unangemessenen *Sicherheitsdenken* oder zu *geringer Ungewissheitstoleranz* bleiben so aus.

Aber sich in einer ziemlich ungewissen Welt diesem Ungewissen auch noch in die Arme werfen – kann das gut gehen? Die wohl größte Gefahr für das Individuum bei einer zu großen Annäherung an das Ungewisse ist vielleicht nicht *Überlastung* oder *Burnout* – es ist das Erleben einer ‚*Drift*‘, warnen einige kritische Autoren: Ungewisse Umstände bergen die Gefahr eines Orientierungsverlustes im Leben. *Driften:* So hat der amerikanische

Soziologe Richard Sennett schon zu Beginn der flüchtigen Moderne das ziellose Dahintreiben in einem flexiblen Leben genannt (Sennett 2000). Es bezeichnet so ungefähr das Gegenteil einer gleichbleibenden *Identität.*

Schon in einer relativ stabilen Welt gilt es als eine ganz schöne Zumutung, eine stabile Identität zu entwickeln, also „stets derselbe zu sein" (Böhme 2012, S. 23): Alle Gefühle, Gedanken und Erinnerungen kommen und gehen und so ist es eine ganz schöne Arbeit, sich zusammenzuhalten. Bei einer *Drift* zeigt sich nun ein Unvermögen, unter sehr ungewissen Bedingungen noch eine kohärente Identität zu entwickeln. Der rote Faden des Lebens droht verloren zu gehen. Es lässt sich aus den vielen Möglichkeiten einfach keine kontinuierliche Lebensgeschichte mehr bilden.

Und so gilt es für die aktuelle *Multioptionsgesellschaft:* In ihr wachsen die Möglichkeiten immer rascher an und Entscheidungen werden in immer kürzerer Zeit verlangt. Es bleibt keine Zeit mehr dafür, längere Zeit beim Gleichen zu verweilen –also Identität zu bilden. Die *Drift* ist im Kern eine *Haltlosigkeitserfahrung,* ein zielloses Dahingleiten. Sich auf die neuen Ungewissheiten im Leben mit großer *Ungewissheitsfreundlichkeit* einzulassen, löst also nicht alle Probleme, sondern bringt auch neue Gefahren mit sich.

Literatur

Bartmann C (2012) Leben im Büro. Die schöne neue Welt der Angestellten. Hanser, München

Bauman Z (2005) Moderne und Ambivalenz. Das Ende der Eindeutigkeit. Hamburger Edition Verlag, Hamburg

Bauman Z (2008) Flüchtige Zeiten. Leben in der Ungewissheit. Hamburger Edition Verlag, Hamburg

Böhme G (2012) Ich-Selbst. Über die Formation des Subjekts. Fink, München

Bröckling U (2004) Unternehmer. In: Bröckling U, Krasmann S, Lemke T (Hrsg) Glossar der Gegenwart. Suhrkamp, Frankfurt a. M., S 271–276

Bröckling U (2017) Prävention. Die Macht der Vorbeugung. In: Bröckling U (Hrsg) Gute Hirten führen sanft. Über Menschenregierungskünste. Suhrkamp, Frankfurt a. M., S 73–112

Cabanas E, Illouz E (2019) Das Glücksdiktat. Wie es unser Leben beherrscht. Suhrkamp, Berlin

Enzensberger HM (2009) Fortuna und Kalkül. Suhrkamp, Frankfurt a. M.

Gregory S (2009) Unter der schwarzen Wolke. Transformationen der Blitzgefahr im 18. Jahrhundert. In: Engell L, Siegert B, Vogl J (Hrsg) Gefahrensinn. Wilhelm Fink, München, S 35–44

Gross P (1994) Multioptionsgesellschaft. Suhrkamp, Frankfurt a. M.
Han B-C (2009) Duft der Zeit. Ein philosophischer Essay zur Kunst des Verweilens. Transcript, Bielefeld
Klein S (2015) Alles Zufall Die Kraft, die unser Leben bestimmt. Fischer, Frankfurt a. M
Knapp N (2015) Der unendliche Augenblick. Warum Zeiten der Unsicherheit so wertvoll sind. Rowohlt, Hamburg
Kolliarakis G (2013) Der Umgang mit Ungewissheit in der Politik ziviler Sicherheit. In: Jeschke S, Jakobs E-M, Dröge A (Hrsg) Exploring Uncertainty. Ungewissheit und Unsicherheit im interdisziplinären Diskurs. Springer Gabler, Wiesbaden, S 313–332
Koppetsch C (2013) Die Wiederkehr der Konformität. Streifzüge durch die gefährdete Mitte. Campus, Frankfurt a. M.
Koppetsch C (2019) Gesellschaft des Zorns. Rechtspopulismus im globalen Zeitalter. transkript, Bielefeld
Micali S (2018) Depression in der unternehmerischen Gesellschaft. In: Fuchs T, Iwer L, Micali S (Hrsg) Das überforderte Subjekt. Suhrkamp, Berlin, S 80–114
Reckwitz A (2017) Die Gesellschaft der Singularitäten. Zum Strukturwandel der Moderne. Suhrkamp, Berlin
Reckwitz A (2019) Das Ende der Illusionen Politik. Ökonomie und Kultur in der Spätmoderne. Suhrkamp, Berlin
Senne S, Hesse A (2019) Genealogie der Selbstführung. Zur Historizität von Selbsttechnologien in Lebensratgebern. transcript, Bielefeld
Sennett R (2000) Der flexible Mensch. Die Kultur des neuen Kapitalismus. Btb Verlag, München
Taleb NN (2013) Antifragilität: Anleitung für eine Welt, die wir nicht verstehen. Knaus, München

5

Welcher Typ bin ich eigentlich? Formen geringer Ungewissheitstoleranz

Inhaltsverzeichnis

Geringe Ungewissheitstoleranz hat nicht immer das gleiche Gesicht. Manchmal ist das ganze Leben von *Risikoscheu* und *Sicherheitsdenken* bestimmt, aber oft sind es nur einzelne *Orte,* an denen das *Ungewisse* schwer zu ertragen ist (Abschn. 1.2.2): Bei der einen Person durchzieht es ausschließlich Schule, Studium oder Beruf, bei der anderen sind besonders zwischenmenschliche Beziehungen, Gesundheit oder das Innenleben des Denkens oder Erinnerns betroffen.

Mit den *Formen oder Typen geringer Ungewissheitstoleranz* ist aber noch etwas anderes gemeint. Gerade anhand der verschiedenen *Ungewissheitsprofile* (Abschn. 2.3) lassen sich anschaulich verschiedene Haltungen geringer Ungewissheitstoleranz unterscheiden – Kombinationen aus den sechs Überzeugungen, die im Zentrum der *Intoleranz gegenüber Ungewissheit*

© Springer-Verlag GmbH Deutschland, ein Teil von Springer Nature 2020
N. Spitzer, *Schritte ins Ungewisse,* https://doi.org/10.1007/978-3-662-61138-8_5

Tab. 5.1   Die sechs Facetten der Intoleranz gegenüber Ungewissheit

Facetten geringer Ungewissheitstoleranz
1. Gewissheit ist absolut notwendig
2. Ungewissheit ist gefährlich
3. Ungewissheit ist belastend
4. Ungewissheit macht mich handlungsunfähig
5. Ungewissheit wirft ein schlechtes Licht auf mich
6. Ungewissheit ist unfair

stehen, sorgen für ganz unterschiedliche Reaktionsmuster auf das Ungewisse (Tab. 5.1).

Auch wenn die Forschung hier noch nicht sehr weit fortgeschritten ist, finden sich im therapeutischen Alltag doch einige typische *Ungewissheitsprofile* immer wieder. Vielleicht nehmen Sie zu diesem Kapitel auch Ihr eigenes *Ungewissheitsprofil* noch einmal zur Hand (Abschn. 2.3) und vergleichen sie es mit den vorgestellten Formen – lässt es sich vielleicht einem oder mehreren Typen zuordnen?

5.1   Was alle Typen gemeinsam haben: Gewissheitsverlangen

Alle Formen *geringer Ungewissheitstoleranz* haben eine Sache gemeinsam – ein ausgesprochen großes *Gewissheitsverlangen*. Die Betroffenen sind überzeugt, ein sehr hohes Maß an Klarheit, Sicherheit, Gewissheit zu benötigen, um mit dem Leben gut zurechtzukommen.

Und damit nicht genug! Gewissheit wird nicht bloß locker gewünscht, sondern auf eine starre und intensive Weise eingefordert. Sie *muss* einfach sein! Ungewissheit ist einfach keine Option. Die Betroffenen *brauchen* einfach Gewissheit ... *unbedingt!* Selbst dort, wo sie schon einsehen, dass Gewissheit gar nicht zu erreichen ist, oder nur über einen wirklich unsinnig hohen Aufwand ... selbst dort lässt dieser *zwingende Drang nach Gewissheit* einfach nicht nach. Das Gewissheitsverlangen hat also nicht nur einen hohen Maßstab, was Gewissheit angeht, sondern es ist auch starr in seinem fordernden Charakter. Ohne dies *ausgeprägte* und *starre Gewissheitsverlangen* keine geringer Ungewissheitstoleranz – egal welche Gestalt sie auch annimmt.

Ein solch absolutes *Gewissheitsverlangen* hat nun gravierende Auswirkungen auf die tägliche „Unsicherheitsregulation" (Lantermann et al. 2009, S. 4), bei der Menschen versuchen, die erlebte Ungewissheit an den eigenen *Sollwert an Gewissheit* anzupassen (Kap. 2). Denn nun ist dieser Sollwert derart niedrig eingestellt, dass schon ‚normale' Ungewissheiten in Alltagssituationen als ein unerträgliches Zuviel an Unsicherheit erscheinen. Außerdem ist das Gewissheitsverlangen auch noch derart absolut, dass bereits kleinste vorübergehende Abweichungen alarmierend wirken. Die Psychologin Danielle Einstein sieht gerade darin den zentralen Unterschied zwischen einer belastenden *geringen Ungewissheitstoleranz* und einer ‚normalen' *Risikoscheu* (Einstein 2014).

Schon beim kleinsten *Anlass an Ungewissheit* unternehmen die Betroffenen nun nämlich enorme Anstrengungen, um die Ungewissheit auf null zu stellen. Für Danielle Einstein reicht es nicht dass eine ungewisse Situation als gefährlich eingeschätzt wird – erst wenn zusätzlich die Bereitschaft, Ungewisses auszuhalten minimal ist, kommt es zu heftigen emotionalen Reaktionen (Abschn. 6.1) ausgeprägtem *Vergewisserungsverhalten* (Abschn. 6.2) und unablässigen *Sorgenmachen* (Abschn. 6.3). Das *Gewissheitsverlangen* funktioniert hier wie ein Brandbeschleuniger: Erst diese Forderung macht das Ausbleiben von Gewissheit emotional so explosiv.

Beispiel

Frau Anders fährt zügig über die Autobahn, um schnell nach der Arbeit noch in diesem Einkaufszentrum ein paar Einkäufe zu erledigen. Sie kennt die Gegend, hier darf sie 120 Km/h fahren. Aber war da nicht gerade ein Tempo-80-Schild? Ist das neu hier? Sie hat es aus dem Augenwinkel gar nicht richtig gesehen. Und wenn sie jetzt hier geblitzt worden ist? Die stehen ja neuerdings überall. Sie wird unsicher. Sollte sie nicht lieber noch einmal umkehren und dieses Streckenstück erneut abfahren, um ganz sicher zu gehen? Aber warum? Ihr Verstand bäumt sich auf: Passiert ist passiert! Sie kann ja doch nichts mehr ändern. Trotzdem! Das muss sie einfach wissen! Was soll sie nur machen? Ach, sie boxt entschlossen aufs Lenkrad, sicher ist sicher, und nimmt die nächste Abfahrt, um zu wenden. Als sie das Streckenstück erneut (und langsam) abfährt, sieht sie das Schild deutlicher. Aha, 80, aber nur bei Nässe. Und auch keine Geschwindigkeitskontrolle zu sehen. Sie ist beruhigt, aber nicht ganz. Noch ein paar Tage geht sie mit einem komischen Gefühl an den Briefkasten. Kommt vielleicht doch noch der Zahlungsbescheid für eine Geschwindigkeitsübertretung?

5.2 Ungewissheit als Katastrophe oder Ungewissheit als persönlicher Makel

Es lassen sich nun zwei Gründe denken, warum das Gewissheitsverlangen derart ausgeprägt sein kann – weil ungewisse Situationen ein Schlimmes Ende nehmen oder weil sie den Selbstwert bedrohen. Eine Gruppe von Personen mit geringer Ungewissheitstoleranz hat nun vor allem die möglichen negativen Auswirkungen des Ungewissen im Blick, eine andere macht sich beständig selbst für das Ungewisse verantwortlich.

Eine *gefahrenorientierte Ungewissheitsintoleranz* ist wohl der häufigste Typ geringer Ungewissheitstoleranz überhaupt (Harrington 2006). Die davon betroffenen Personen sind überzeugt, unbedingt die Gewissheit haben zu müssen, dass nichts Negatives passieren kann, wie bei Frau Anders. *Schon eine kleine Prise Ungewissheit in einer Situation wird sehr ernste Konsequenzen nach sich ziehen* – davon ist dieser Typus tief überzeugt: Wenn ich zufällig mein Smartphone zu Hause vergesse für den Spaziergang, werde ich bestimmt einen wichtigen Anruf verpassen und die Leute werden sich sehr über mich aufregen. Vielleicht verpasse ich eine wichtige Nachricht, mein Vater könnte mit einem Herzinfarkt ins Krankenhaus kommen, und ich bin nicht da. Bei dem Vortrag bin ich so aufgeregt, dass ich ohnmächtig werden könnte. Das wird dann wahrscheinlich passieren, eine fürchterlich peinliche Szene! Ich werde mich derart schämen, dass ich nicht mehr fortfahren kann und mir nie mehr einen weiteren Vortrag zutrauen. Mein Arbeitgeber wird fürchterlich enttäuscht sein.

Gefahrenorientierte Ungewissheitsintoleranz findet sich z. B. bei der Zwangsstörung (Abschn. 6.5.4) – wenn man nicht ganz sicher ist, ob man den Herd wirklich ausgestellt hat, dann besteht ja immerhin die Möglichkeit, dass er doch aus Versehen angeblieben ist, ein Feuer ausbricht und das ganze Haus abbrennt. Lieber noch einmal nachsehen. Und noch einmal. Und wo man gerade dabei ist ... hatte man eigentlich wirklich die Fenster geschlossen? Erscheint die Welt im Licht einer *gefahrenorientierter Ungewissheitsintoleranz* – dann wird ein ausführliches Vergewisserungsverhalten geradezu zur Pflicht.

Gefahrenorientierte Ungewissheitsintoleranz drückt sich vor allem in diesen drei Überzeugungen aus

1. *Extrem hohes Gewissheitsverlangen:* Es sind sehr ehrgeizige Ansprüche, die von Außenstehenden gewöhnlich als übertrieben oder unnötig angesehen werden
2. *Starre beim Verfolgen der Gewissheit:* Selbst bei erkennbar negativen Folgen kann davon nicht abgelassen werden. Sie werden als so fordernd und zwingend erlebt, dass sie trotz hoher Kosten weiter verfolgt werden
3. *Gewissheitsabhängige Sicherheit:* Das Ausbleiben von Katastrophen, wird größtenteils an der Fähigkeit, diese Gewissheit zu erreichen, gemessen

Aber nicht alle Gedanken, die sich mit dem Ungewissen beschäftigen, drehen sich um mögliche Gefahren. Manche von einer geringen Ungewissheitstoleranz Betroffenen richten ihr Augenmerk in ungewissen Situationen vor allem auf sich selbst – eine *selbstwertorientierte Ungewissheitsintoleranz* verbindet die ausbleibende Erfüllung des *Gewissheitsverlangens* mit der Bewertung der eigenen Person, die dies nicht hinbekommen hat: Habe ich es wieder einmal nicht geschafft, mir über eine Sache Gewissheit zu verschaffen? Anderen gelingt das wahrscheinlich viel besser, nur mir nicht. Ich bin aber auch wirklich einfach unfähig! Ein Versager! Ist doch einfach nicht normal, derart in ungewissen Situationen festzusitzen!

Selbst kleine verbliebene Ungewissheiten bedeuten hier schnell, ein totaler Versager zu sein. Die eigene Person ist eben zu schwach, zu unfähig oder einfach zu unnormal. Daran liegt das Auftreten des Ungewissen.

Selbstwertorientierte Ungewissheitsintoleranz ist ein Typus mit folgenden drei Eigenschaften

1. *Extrem hohes Gewissheitsverlangen:* Es sind sehr ehrgeizige Ansprüche, die von Außenstehenden gewöhnlich als übertrieben oder unnötig angesehen werden
2. *Starre beim Verfolgen der Gewissheit:* Selbst bei erkennbar negativen Folgen kann davon nicht abgelassen werden. Sie werden als so fordernd und zwingend erlebt, dass sie trotz hoher Kosten weiter verfolgt werden
3. *Gewissheitsabhängiger Selbstwert:* Der Wert der ganzen eigenen Person, die ganze Selbstachtung, wird größtenteils an der Fähigkeit, diese Gewissheitsansprüche zu erfüllen, gemessen

Und es findet sich immer eine Gelegenheit für Selbstvorwürfe: Man wusste doch, dass es hätte regnen können – warum hat man keinen Schirm mitgenommen? Oder wenn man einen Zug verpasst hat: Man wusste doch, dass die Straßenbahn manchmal zu spät Richtung Bahnhof fährt – warum ist man nicht früher gefahren? Oder hat lieber ein Taxi genommen? Diese „Last der Verantwortung" (Heidbrink 2012, S. 215) gilt auch in ungewissen Situationen und die sich daraus ergebenden Selbstvorwürfe werden manchmal mit der Depression in Verbindung gebracht (Abschn. 6.5.8).

Bestandsaufnahme – gefahren- oder selbstwertorientierte Ungewissheitsintoleranz

1. Finden sich in Ihrem eigenen *Ungewissheitsprofil* (Abschn. 2.3) eher die Überzeugungen, dass das Ungewisse bedrohlich oder belastend ist? Oder haben Sie auch die Facette angekreuzt, dass Ungewissheit ein schlechtes Licht auf Sie wirft?
2. Machen Sie sich beim Ausbleiben von Gewissheit schnell Vorwürfe, ein kompletter Versager, einfach eine Niete zu sein deswegen, einfach unfähig, nicht normal?
3. Oder befürchten Sie in ungewissen Umständen vor allem negative Folgen bis hin zu Katastrophen?

5.2.1 In ungewissen Situationen nicht weiter wissen – ein Verstärker für beide Formen

Wer kennt das nicht: Der Eindruck der eigenen *Hilflosigkeit* macht eine schon an sich schwierige Situation noch viel schlimmer. *Ungewisse Situationen* bilden hier keine Ausnahme: Angesichts einer Situation mit ungewissem Ausgang plötzlich den Eindruck zu haben, nicht mehr weiter zu wissen, wie gelähmt dazustehen, steigert die Unruhe oft enorm –besonders wenn man überzeugt ist, dass der Ausgang bedrohlich oder belastend sein könnte. So verstärkt die Überzeugung *„Ungewissheit macht mich handlungsunfähig"* die negativen Folgen gerade bei der *gefahrenorientierten Ungewissheitsintoleranz.*

Wird ein Mensch mit Ungewissheit konfrontiert, macht er zuerst oft eine Gefahreneinschätzung – er stellt sich negative mögliche Konsequenzen vor, spielt in einer mentalen Simulation verschiedene mögliche Zukunftsvarianten durch: Was sind die Folgen, wenn beim Antritt des Urlaubs die Straßenbahn zum Bahnhof einfach nicht kommt? Aber fast gleichzeitig kalkuliert er seine Bewältigungsmöglichkeiten: Kann ich damit fertig werden? Wenigstens wenn ich mir wirklich Mühe gebe? Werden die zur Bearbeitung verfügbaren Ressourcen als ausreichend eingeschätzt, so wird die bedrohliche Situation gewöhnlich in eine positive Herausforderung umgedeutet (Lazarus 1966): Fällt mir noch ein anderer Weg zum Bahnhof ein? Kann ich ihn umsetzen?

Nur trauen sich viele Betroffene von geringer Ungewissheitstoleranz gerade ein solch patentes Handeln in ungewissen Situationen einfach nicht zu. Die stattdessen *angenommene Handlungsunfähigkeit* verstärkt nun die Angst: Wenn man sich z. B. auf dem Weg zu einem unbekannten Ort befindet, dann wird man sich bestimmt verfahren. Und weil man nicht damit fertig wird, wird man Stunden brauchen, um den Weg wiederzufinden.

Aber auch eine *selbstwertorientierte Ungewissheitsintoleranz* ist mit dem Eindruck eigener Hilflosigkeit, der Überzeugung eigener Handlungsunfähigkeit eng verbunden. Konnte eine Person nicht verhindern, in eine ungewisse Situation zu geraten? Schlimm genug! Aber dann auch noch mit solchen Situationen nicht fertig zu werden und anzunehmen, ihnen hilflos gegenüberzustehen – das wirft erst Recht ein schlechtes Licht auf die eigene Person! So reagiert doch nun wirklich nur jemand, der ausgesprochen unfähig ist! Auch die Selbstabwertungen und Vorwürfe werden durch diese zusätzliche Überzeugung verstärkt.

Bestandsaufnahme – Eindruck eigener Handlungsunfähigkeit als Verstärker

1. Haben Sie bei der Konfrontation mit ungewissen Situationen öfters vor Augen, wie Sie einfach quasi gelähmt dieser Situation oder ihrer unklaren Ausgängen gegenüberstehen? Wie sie einfach nicht mehr weiterwissen?
2. Und steigert dieser Eindruck der eigenen Handlungsunfähigkeit für Sie die Bedrohlichkeit der Situation? Ist es dadurch noch gefährlicher?
3. Oder folgt auf die Überzeugung eigener Hilflosigkeit in Bezug auf das Ungewisse eher eine strenge Selbstbewertung? Kommen Sie sich besonders schwach oder unfähig vor?

5.3 Wer soll hier eigentlich Gewissheit schaffen?

Ganz gleich, ob man sich nun Gefahren aufgrund von ungewissen Situationen ausmalt oder mit sich selbst streng ins Gericht geht, weil man nicht mehr Gewissheit im eigenen Leben einrichten konnte – bei beiden Typen ist die geringe Ungewissheitstoleranz *selbstgerichtet*. Die Betroffenen stehen selbst in der Verantwortung. Sie gehen wie selbstverständlich davon aus, dass sie es sind, die sich wieder Gewissheit verschaffen müssen. Ihr *Gewissheitsverlangen* richtet sich sozusagen an sie selbst. Auch dieser Typ geringer Ungewissheitstoleranz ist durch drei Aspekte charakterisiert.

Selbstgerichtete Ungewissheitsintoleranz drückt sich vor allem in diesen drei Überzeugungen aus

1. *Extrem hohes Gewissheitsverlangen:* Es sind sehr hohe Sicherheitsansprüche, die von Außenstehenden gewöhnlich als übertrieben oder unnötig angesehen werden
2. *Starre beim Verfolgen der Gewissheit:* Selbst bei erkennbar negativen Folgen kann davon nicht abgelassen werden. Sie werden als so fordernd und zwingend erlebt, dass sie trotz hoher Kosten weiter verfolgt werden
3. *Die eigene Person als Adressat des Gewissheitsverlangens:* Hier richten sich der Drang und die Forderung, Gewissheit zu schaffen, an die eigene Person. Durch eigenes Handeln oder Nachdenken muss die ungewisse Situation wieder in Klarheit überführt werden

Aber Ungewissheit kommt den Betroffenen auch oft *ungerecht* vor: Warum ich! Und sie nehmen an, dass andere Personen nicht dieser Menge an ungewissen Situationen oder Lebenslagen ausgesetzt sind. Unfair ist zudem, dass andere gelegentlich mit viel besseren Bewältigungsfertigkeiten ausgestattet sind als sie selbst – noch eine Ungerechtigkeit! Das *Gewissheitsverlangen* richtet sich hier schnell an andere Personen. Und von diesen verlangen nun die Betroffenen, dass sie gefälligst für Gewissheit sorgen. Sie erwarten es von Leuten in ihrem Umfeld, den Fachleuten, der Gesellschaft insgesamt: *Die* haben gefälligst für Gewissheit zu sorgen!

Dieser *Typ geringer Ungewissheitstoleranz* kriegt schnell einen ärgerlichen, vorwurfsvollen Ton: Kann der Hausarzt nicht mit Gewissheit sagen, ob es nun eine Grippe, eine Erkältung oder dieser neue Virus ist? Wofür gibt es denn die moderne Medizin! Wenn meine Partnerin schon den Urlaub organisiert, da muss sie doch wirklich alle Zweifel an dem ausgewählten Hotel schon im Vorfeld aus dem Weg räumen können! Das versteht sich doch wohl von selbst. Auch bei diesem Typus sind wieder drei Aspekte kennzeichnend.

Außengerichtete Ungewissheitsintoleranz drückt sich vor allem in diesen drei Überzeugungen aus

1. *Extrem hohes Gewissheitsverlangen:* Es sind sehr hohe Sicherheitsansprüche, die von Außenstehenden gewöhnlich als übertrieben oder unnötig angesehen werden
2. *Starre beim Verfolgen der Gewissheit:* Selbst bei erkennbar negativen Folgen kann davon nicht abgelassen werden. Sie werden als so fordernd und zwingend erlebt, dass sie trotz hoher Kosten weiter verfolgt werden
3. *Fremde Personen (oder die ganze Welt) als Adressat des Gewissheitsverlangens:* Hier richten sich der Drang und die Forderung, Gewissheit zu schaffen, auf andere Personen – die Partnerin, Arbeitskollegen, die ganze Welt. Durch deren Handeln oder Nachdenken muss die ungewisse Situation wieder in Klarheit überführt werden

---

Bestandsaufnahme – selbst- oder außengerichtete Ungewissheitsintoleranz

1. Können Sie sich einem dieser beiden *Typen geringer Ungewissheitstoleranz* zuordnen? Richtet sich das Gewissheitsverlangen eher nach außen oder nach innen?

2. Neigen Sie eher dazu, von sich selbst zu erwarten, das Ungewisse wieder in Klarheit und Gewissheit zu überführen? Irgendwie mit der ungewissen Situation fertig zu werden?
3. Richten sich Ihr Gewisheitsverlangen auch auf andere Personen – etwa Kollegen, Freunde oder die Familie, die ganze Welt?

5.4 Geringe Ungewissheitstoleranz – Eigenschaft oder erschöpfte Ressource?

Schon die Vorstellungen einer *psychischen Allergie* oder eines *gedanklichen Filters* (Abschn. 2.2) machen es deutlich – im Kern gilt eine *geringe Ungewissheitstoleranz* als eine feste Eigenschaft, eine Disposition, in ungewissen Situationen besonders sensibel zu reagieren. Und das gilt für alle bisher vorgestellten Typen. Betroffene haben eben dies besonders hohe und starre *Gewissheitsverlangen* und es begleitet sie eigentlich zeitlich stabil durch viele Lebensumstände. Aus diesem Blickwinkel erscheint eine *gute Ungewissheitstoleranz* als eine robuste und unstörbare *Kompetenz* – man kann sie trainieren und durch einen häufigen Umgang mit ungewissen Umständen verbessert sie sich.

Aber die *Ungewissheitstoleranz* unterliegt auch Schwankungen – sie hängt oft stark von den jeweiligen Umständen ab: Gewöhnlich sind die meisten Menschen im Urlaub viel stärker als im Alltag bereit, sich auf Unerwartetes einzulassen. Und auch ausgeruht und mit viel Zeit sehen die Dinge oft gleich ganz anders aus. Langwierige ungewisse und unsichere Lebensumstände hingegen können auch noch die beste Ungewissheitstoleranz aufbrauchen, wenn die ungewissen Lagen einfach kein Ende nehmen wollen. Die vorhandene *Ungewissheitstoleranz* kann also auch strapaziert werden, sogar überstrapaziert. Sie verbraucht sich, wenn immer wieder auf sie zurückgegriffen werden muss: Sie ist auch als Ressource zu verstehen, von der eben nur eine bestimmte Menge im Tank ist. Befindet sich eine Person z. B. lange in einer schwierigen Lebenssituation (Abschn. 3.2), in der täglich besonders viele ungewisse Situationen auftreten (Reicht das Geld diesen Monat? Wird mein Zeitvertrag verlängert?), dann erschöpft sich möglicherweise mit den Monaten auch noch die größte *Ungewissheitstoleranz:* Man kann das ganze Ungewisse einfach nicht mehr aushalten.

Eine solche *geringe Ungewissheitstoleranz als erschöpfte Ressource* hat kein spezielles Ungewissheitsprofil, wie die bisher vorgestellten Typen, sondern lässt sich an den ungewissen Lebensumstände in der letzten Zeit erkennen: Mussten in wichtigen Lebensbereichen wie dem Beruf, der Partnerschaft oder der Gesundheit bereits längere Ungewissheiten toleriert werden? Aber auch Gedanken, die insgesamt eine Erschöpfung signalisieren, sind ein gutes Signal für diesen Typus geringer Ungewissheitstoleranz („Ich kann einfach nicht mehr ... und *schon wieder* eine ungewisse Situation!").

Erschöpfungsbedingte Ungewissheitsintoleranz

Sie drückt sich vor allem durch den Unterschied in der Ungewissheitstoleranz zu zwei verschiedenen Lebenszeitpunkten aus:

1. *Normales flexibles Gewissheitsverlangen in halbwegs überschaubaren Lebensphasen:* Unter Lebensumstände, die durch keine größere Unsicherheit oder Ungewissheit gekennzeichnet sind, lassen sich einzelne Ungewissheiten ganz gut tolerieren
2. *Hohes starres Gewissheitsverlangen nach oder in langwierigen ungewissen Lebensumständen:* In oder nach Lebensumständen, die durch größere Unsicherheit oder Ungewissheit gekennzeichnet sind, lassen sich einzelne konkrete Ungewissheiten nur noch schwer tolerieren

Es handelt sich hier um einen *Sonderfall geringer Ungewissheitstoleranz*. Auf ihn wird in diesem Ratgeber, dem es um *geringe Ungewissheitstoleranz* als psychische Allergie oder gedanklicher Filter geht, in den Ratschlägen zur Selbsthilfe nicht weiter eingegangen – sie liegen ja auch auf der Hand. Es geht beim Typus der *erschöpfungsbedingten Ungewissheitsintoleranz* gerade nicht um eine gezielte Auseinandersetzung mit noch mehr ungewissen Situationen, um die *Kompetenz Ungewissheitstoleranz* zu vergrößern und den *gedanklichen Filter* für ungewisse Situationen zu verändern. Sondern hier geht es darum, den von zu vielen Ungewissheiten im Leben Erschöpften eine *Atempause* zu ermöglichen: Einige Tage in sicheren Gewohnheiten verbringen und Sorgen um prekäre Lebensumstände für eine begrenzte Zeit aussetzen – das kann schon helfen, die Toleranzressourcen wieder nachwachsen zu lassen. Die Leitfrage für eine gute Selbsthilfe lautet hier: Wie kann im eigenen Leben eine ausreichend gewisse und sichere Lebensphase eingerichtet werden, sodass man in Zukunft wieder fähig ist, Ungewissheit wie früher zu tolerieren? Es lässt sich nur hoffen, dass es die Lebensumstände in der *flüchtigen Moderne* (Abschn. 4.2) für möglichst viele Betroffene auch zulassen.

Bestandsaufnahme – erschöpfungsbedingte Ungewissheitsintoleranz

1. Setzen Sie sich hohe und starre Gewissheitsansprüche auch in Zeiten, in denen Sie sich Ihrer selbst ziemlich sicher sind? Ist Gewissheit ein Wert an sich für Sie?
2. Gibt es andere Gründe hinter Ihre aktuellen großen Sehnsucht nach Gewissheit: Tritt sie nur auf, wenn Sie in einer bestimmten Lebensphase wirklich von Ungewissheiten sehr gebeutelt sind?
3. Ist es Ihnen eigentlich immer schon schwer gefallen, mit ungewissen Situationen zurechtzukommen? Oder erst seit der Sache mit den Zeitverträgen/der Gesundheitsunsicherheit/der Krise in der Partnerschaft (oder einer anderen langwierig ungewissen Lebenslage)?

Literatur

Einstein DA (2014) Extension of the transdiagnostic model to focus on intolerance of uncertainty: a review of the literature and implications for treatment. Clinic Psychol: Sci Pract 1:280–300

Harrington N (2006) Frustration intolerance beliefs: their relationship with depression, anxiety, and anger, in a clinical population. Cogn Ther Res 30:699–709

Heidbrink L (2012) Depression – die Last der Selbstverantwortung. Die psychischen Folgen der Leistungsgesellschaft. In: Bellebaum A, Hettlage R (Hrsg) Missvergnügen. Zur kulturellen Bedeutung von Betrübnis, Verdruss und schlechter Laune. Springer, Wiesbaden, S 205–225

Lantermann E-D, Döring-Seipel E, Eierdanz F, Gerhold L (2009) Selbstsorge in unsicheren Zeiten: Resignieren oder Gestalten. Beltz, Weinheim

Lazarus RS (1966) Psychological stress and the coping process. McGraw-Hill, New York

6

Die belastenden Folgen geringer Ungewissheitstoleranz

Inhaltsverzeichnis

© Springer-Verlag GmbH Deutschland, ein Teil von Springer Nature 2020
N. Spitzer, *Schritte ins Ungewisse,* https://doi.org/10.1007/978-3-662-61138-8_6

Eine *geringe Ungewissheitstoleranz* macht das Leben nicht einfacher. Schließlich fällt neben der eigentlichen Aufgabe, das eigene Leben zu führen, immer noch eine zweite anstrengende Arbeit an – nämlich das *Ungewisse* in ihm einzudämmen, ihm frühzeitig aus dem Weg zu gehen und die begleitende Beunruhigung irgendwie im Zaum zu halten. Das Ungewisse ist hier eben ein Störfall, seine Bewältigung eine zusätzliche Last.

Intoleranz gegenüber Ungewissheit nimmt dabei Einfluss auf Fühlen, Verhalten und Denken. Die darunter Leidenden erleben oft eine bohrende Angst und strengen sich enorm dafür an, über einen Situation Gewissheit zu erlangen: Sie fragen andere Menschen unaufhörlich um Rat oder denken lange über alle möglichen Ausgänge einer Sache nach – aber ihre intensive Suche nach Gewissheit hat selten ein befriedigendes Ende. Ohne Stoppsignal besteht zudem die Gefahr, dass sich diese Informationssuche endlos fortsetzt– die so Verunsicherten zweifeln, zaudern und haben Schwierigkeiten, sich für etwas zu entscheiden.

Kein Wunder also, dass ein ausgeprägtes *Gewissheitsverlangen* teilweise gravierende Auswirkungen auf die psychische Gesundheit haben kann. Neben den direkten negativen Auswirkungen spielt es auch bei einer ganzen Reihe von psychischen Krankheiten eine wichtige Rolle. Und auch chronische körperliche Krankheiten zeigen oft einen sehr ungewissen Verlauf – es lässt sich besser mit ihnen leben, wenn man sich mit ihrem ungewissen Verlauf einigermaßen arrangieren kann.

> **Direkte Auswirkungen geringer Ungewissheitstoleranz**
>
> Die negative Überzeugungen bezüglich des Ungewissen in Alltagssituationen beeinflussen, wie Sie [die Betroffenen] denken (lösen Sorgenmachen aus), wie Sie fühlen (erzeugen Angst) und wie Sie handeln (führen zu Sicherheitsverhalten) (Robichaud und Dugas 2015).

6.1   Hoffen und Bangen – Ungewissheitsgefühle

Besonders ein Gefühl scheint für die geringe Ungewissheitstoleranz wie gemacht – Angst. *Ungewissheit* ist eine Unklarheit, über das was kommt (Abschn. 1.2.1). Komme ich morgen mit dem Auto pünktlich zur Arbeit oder bleibe ich im Stau stecken? Wird sich die Viruserkrankung bei mir zu einer schweren Lungenentzündung entwickeln? Und so gilt für Personen mit einer geringen Ungewissheitstoleranz: Eine schon allgemein menschliche *Angst vor dem Unbekannten* tritt hier noch gesteigert auf (Carleton 2012). Unheimliche Geschichten und Horrorfilme bedienen sich häufig dieser Angst vor dem Unbekannten, das auf einen zukommt: Waren das gerade Schritte auf dem Flur? Wer steckt hinter der Maske?

Oft sprechen Psychologen sogar direkt von *„Ungewissheitsgefühlen"* (Reisenzein et al. 2003, S. 27) – sie werden ausgelöst durch etwas, das noch in der Zukunft liegt. Solche Ungewissheitsgefühle basieren also notgedrungen auf Vermutungen, dass etwas eintreten wird, nicht auf einem sicheren Wissen: *Hoffnung* tritt auf, wenn ein *erwünschtes* Ereignis nicht als sicher, sondern nur als möglich oder wahrscheinlich betrachtet wird. *Furcht* tritt dagegen auf, wenn ein *unerwünschtes* Ereignis als möglich oder wahrscheinlich betrachtet wird. Neben Hoffnung und Angst wird manchmal auch die *Spannung* zu den Ungewissheitsgefühlen gezählt. Sie ist sozusagen ein gemischtes Gefühl: Spannung besteht gleichzeitig aus einem Hoffnungs- und einem Angstgefühl, bezüglich dessen, was kommt (Ortony et al. 1988).

Ungewissheitsgefühle

Es sind Gefühle, die aktivieren, wenn das Eintreten eines erwünschten oder unerwünschten Ereignisses möglich, aber nicht sicher ist. Wird das mögliche Ereignis als bedrohlich eingeschätzt, dann tritt vor allem Angst auf. Ist es erwünscht, dann entsteht Hoffnung.

Personen mit einer geringen Ungewissheitstoleranz verspüren angesichts ungewisser Situationen vor allem Angst. Das Ungewisse beunruhigt sie oft sehr. Schließlich haben sie durch ihren speziellen *gedanklichen Filter* einen negativen Ausgang immer vor Augen. Nur bei der *außengerichteten Ungewissheitsintoleranz* (Abschn. 5.3) sieht die Sache mit den Gefühlen anders aus – dann herrscht nicht Angst sondern *Ärger* vor. Personen, die fest davon überzeugt sind, dass die erlebte Ungewissheit unfair ist, zeigten deutlich mehr Ärger in Reaktion auf eine unklare Situation als andere Personen (Robichaud et al. 2019). Versetzen Sie sich noch einmal in Ihre ungewissen Situationen, ihre eigenen *Orte des Ungewissen* (Abschn. 1.2.3) und untersuchen Sie die begleitenden Emotionen.

Bestandsaufnahme – die eigenen Ungewissheitsgefühle

1. Erleben Sie in ungewissen Situationen eher eine vage Anspannung oder konkretere Angst?
2. Oder erleben Sie Ärger?
3. Wie intensiv werden diese Ungewissheitsgefühle bei Ihnen?
4. Und wie lange halten diese Gefühle an?

6.2 Auf *Nummer sicher* gehen – Handeln bei geringer Ungewissheitstoleranz

Ungewisse Situationen müssen oft erst einmal *ausgehalten* werden. Ungewissheit hat daher oft mit dem *Warten* zu tun (Abschn. 1.2.2) – man wartet auf das Romanende, die Sportergebnisse, die Entwicklung der

Börsenkurse, die Ergebnisse der Blutwerte oder des Virus-Schnelltests. Warten, das ist oft ein Hoffen und Bangen: „wer wartet, imaginiert Kommendes, oft mit der Möglichkeit seines Ausbleibens" (Köhler 2007, S. 10). Manchmal können Menschen zwar immerhin die Grenze ihrer Ahnungslosigkeit mit Anstrengung und Geduld noch etwas hinausschieben und der ungewissen Zukunft ein wenig Klarheit abtrotzen. Aber lohnt sich der Aufwand? Was hat man davon, jede Stunde beim Arzt anzurufen, ob die Blutergebnisse schon da sind? Außerdem findet Handeln im Alltag fast immer unter Zeitdruck statt: Wenn man endlich sämtliche Rezensionen im Internet zu wirklich restlos allen Hotels in Griechenland gelesen hat, ist der Sommer längst vorbei. Ungewissheit muss also ausgehalten werden, will man seine Ziele erreichen.

Nun fällt schon Personen mit einer gut ausgebildeten *Ungewissheitshärte* das wartende Aushalten von Ungewissheit nicht gerade leicht (Kap. 2), aber Menschen mit einer geringen Ungewissheitstoleranz versuchen erst recht Einiges, um jeder ungewissen Situation zu entgehen: Angetrieben vom eigenen *Gewissheitsverlangen* entsteht bei Personen mit einer *geringen Ungewissheitstoleranz* schnell ein fast schon blinder Drang nach Sicherheit und Gewissheit. Als *Vergewisserungsverhalten* lassen sich alle Manöver bezeichnen, die dem Zweck dienen, in einer ungewissen Situation Sicherheit und Gewissheit zu gewinnen – Menschen versuchen das Ungewisse auf manchmal sehr einfallsreiche Weise loszuwerden oder ihm gar nicht erst zu begegnen.

> **Vergewisserungsverhalten**
>
> Als Vergewisserungsverhalten werden alle Handlungen bezeichnet, die angesichts einer ungewissen Situation dazu dienen, Sicherheit oder Gewissheit zu erlangen.

Psychologische Studien zeigen, dass es schon *Situationen mit einem mittleren Grad an Ungewissheit* sind, die bei einer geringen Ungewissheitstoleranz das Vergewisserungsverhalten aktivieren. Sehr ungewisse Situationen sind hingegen für fast alle Personen bedrohlich und aktivieren Gegenmaßnahmen, während Situationen mit nur geringer Ungewissheit von fast allen Menschen ausgehalten werden können. Aber gerade diese Sensibilität für eine mittlere Ungewissheit macht Personen mit geringer Ungewissheitstoleranz das Leben schwerer, denn: „Viele Situationen im Alltag sind gerade durch einen mittleren Grad an Ungewissheit charakterisiert" (Robichaud et al. 2019, S. 31, Übers. v. Autor).

> **Beispiel**
>
> Frau Sichersky war immer schon eine überfürsorgliche Mutter. Inzwischen ist ihr Sohn zwar fast vierzig Jahre alt, aber sie kann es immer noch nicht lassen. Schließlich arbeitet er als LKW-Fahrer, wie soll sie sich da keine Sorgen machen! Wie oft hört man schließlich im Radio von einem Unfall auf der Autobahn. Immer wieder sieht sie ihn regelrecht in ihrer Phantasie blutend im Straßengraben liegen und überlegt verzweifelt, was sie nur tun kann.
>
> Das Radio läuft bei ihr den ganzen Tag, wenn ihr Sohn seiner Arbeit nachgeht. Diese Ungewissheit, ob auch alles gut geht … die Angst macht sie fast verrückt. Wenn es ihr wieder einmal zu viel wird, dann ruft sie ihn auf seinem Handy an, aber das hat so seine Nachteile. Inzwischen verkneift sie sich sogar oft diese Chance auf eine direkte Beruhigung: Mitten auf der Autobahn ans Handy gehen, vielleicht ist ja gerade das gefährlich für ihn. Und außerdem hat ihr Sohn inzwischen die Geduld mit ihr verloren und geht oft absichtlich nicht mehr ans Telefon. Und wenn sie ihn nicht erreichen kann, nehmen ihre Sorgen nur noch mehr zu.
>
> Besonders besorgt ist sie auch, wenn er längere Strecken mit dem Auto in den Urlaub fährt. Sie habe es beim letzten Urlaub geschafft, ihn währenddessen trotzdem nicht anzurufen, erzählt sie einmal zufrieden. Er habe ihr nämlich eine App auf ihrem Handy eingerichtet, so dass sie dort der Bewegung seines Autos jederzeit folgen kann. Zuerst lief es auch gut: Er ist beruhigt, sie ist beruhigt. Aber im Laufe des Tages habe sie immer öfter auf ihr Handy gesehen, um kurz festzustellen, wo er gerade war, so dass schon ihr Mann drohte, ihr den Apparat wegzunehmen, wenn sie nicht endlich damit aufhört. Und außerdem konnte auch diese Kontrolle nach hinten losgehen: Bei einem ihrer vielen Blicke aufs Handy bewegte sich nämlich der Punkt, der für das Auto ihres Sohns stand, nicht mehr. Ein Unfall! Bestimmt! Oder doch nicht? So schoss es ihr gleich durch den Kopf und sie konnte nicht mehr verhindern, ihn nun doch anzurufen. Er hatte auch ausnahmsweise Zeit für einen Anruf. Denn er steckte im Stau.

6.2.1 Annäherndes und vermeidendes Vergewisserungsverhalten

Zwei große *Formen des Vergewisserungsverhaltens* lassen sich unterscheiden: Entweder die Neigung zur *Ungewissheitsvermeidung* oder eine *aktive Gewissheitsuche*. Die *Vergewisserungsstrategien* bei geringer Ungewissheitstoleranz weisen also in zwei Richtungen – sich um mehr Gewissheit in ungewissen Situationen zu bemühen oder gar nicht erst in ungewisse Situationen zu geraten.

Beim *annähernden Vergewisserungsverhalten*, der aktiven Gewissheitssuche, wird nun versucht, doch noch auf die eine oder andere Weise Gewissheit über einer ungewisse Situation zu erlangen: Eine betroffene Person betreibt z. B. eine ausgedehnte Informationssuche, wo eigentlich schnelle Entscheidungen gefragt sind, sie sichert sich bei anderen durch ständiges Fragen ab, sie untersucht immer wieder, ob die Tür auch wirklich abgeschlossen ist, sie erstellt lange Listen, um sicher zu gehen, nichts zu vergessen oder sie überbehütet ihre Liebsten. Es ist oft eine anstrengende und vergebliche ,*Gewissyphus-Arbeit*' – kurz vor dem Ziel rollt der Stein der Gewissheit doch wieder den Abhang hinab. Verschiedene Varianten *annähernden Vergewisserungsverhaltens* lassen sich unterscheiden:

1. *Wiederholtes Absicherungsverhalten:* Jede Art des Kontrollverhaltens mit der Absicht einer Vergewisserung lässt sich hier einordnen, etwa das wiederholte Kontrollieren von E-Mails oder Anrufe, wenn jemand nicht zur verabredeten Zeit erscheint. Aber auch wiederholtes Nachfragen ist eine beliebte Form dieser Vergewisserungsvariante („Der Termin war doch am Montag, nicht wahr?").
2. *Übertriebene Informationssuche:* Gemeint sind Suchbewegungen wie der Preisvergleich für ein Produkt bei ausgesprochen vielen Online-Händlern. Restlos alle Besprechungen eines Hotels werden im Internet gelesen, bevor dort ein Zimmer reserviert wird. In der Folge kommt es häufig zu Handlungshemmungen und Entscheidungsschwierigkeiten.
3. *Exzessives Listenerstellen, keine Delegation von Aufgaben:* Kindern werden dabei z. B. die Hausaufgaben komplett abgenommen oder ihre Taschen werden gepackt, die Finanzen für die Familie werden lieber allein erledigt. Eine Liste umfasst zum Beispiel wirklich jede Kleinigkeit, die mit in den Urlaub genommen werden soll.
4. *Abergläubisches Verhalten:* Schon frühe kulturelle Einrichtungen wie Horoskope, Glückssymbole oder das Böse abweisende Gesten dienten dem Herstellen von Gewissheit. Es sind Techniken gegen das Ungewisse, die noch heute von vielen Menschen eingesetzt werden, um sich mehr Gewissheit zu verschaffen.

Versetzen Sie sich noch einmal in die bereits notierten ungewissen Situationen: Neigen Sie in diesen Situationen zu *annäherndem Vergewisserungsverhalten?* Und welches ist es? Kreuzen Sie bitte in der Tabelle an, welche von den folgenden *Strategien aktiver Gewissheitssuche* bei Ihnen vorkommt (Tab. 6.1).

Tab. 6.1 Annäherndes Vergewisserungsverhalten … und ich

Annäherndes Vergewisserungsverhalten	Kommt bei mir vor
Wiederholtes Absicherungsverhalten	
Übertriebene Informationsssuche	
Exzessiven Listenerstellen	
Nichts delegieren, sondern auch noch Aufgaben für andere übernehmen	
Abergläubisches Verhalten	

Zur zweiten *Form des Vergewisserungsverhaltens,* dem *vermeidenden Vergewisserungsverhalten,* gehören alle Handlungen, die dabei helfen, dem Unklaren gar nicht erst zu begegnen – also Verhaltensweisen, die z. B. ungewisse Folgen vermeiden oder aufschieben: Betroffene fahren z. B. kein Auto mehr, wegen der ungewissen Geschehnisse, die damit verbunden sein können, schaffen dafür aber oft legitime Hindernisse oder Ausreden. Sie schieben Dinge auf, stürzen sich in ablenkende Aktivitäten, um sich nicht mit einer Aufgabe auseinanderzusetzen, die Ungewissheit enthält, scheuen vor Verpflichtungen zurück oder halten sich insgesamt die Dinge lieber bis zum Ende offen. Verschiedene Varianten *vermeidenden Vergewisserungsverhaltens* lassen sich auch hier auseinanderhalten:

1. *Vermeidung:* Direkte Vermeidung sorgt dafür, dass Verabredungen abgesagt werden, ein neues Restaurant nicht besucht wird, oder wenn doch, dann dort ein bekanntes Gericht bestellt wird. Vermeidung findet sich auch in Entscheidungen für die sichere Alternative.
2. *Prokrastinieren:* Beim Aufschieben werden ungewisse Dinge nicht komplett umgangen, aber die Begegnung mit ihnen doch so weit wie möglich in die Länge gezogen, etwa Arztbesuche oder Verabredungen mit ungewissem Ausgang.
3. *Halbherzigkeit:* Bei diesem oft übersehenen vermeidenden Vergewisserungsverhalten verpflichten sich die Betroffenen mit einem Rest Gleichgültigkeit gegenüber Menschen, Situationen oder Vorhaben, halten Partner etwas auf Distanz oder sich selbst immer eine Hintertür offen. Ähnlich funktioniert es, Ungewissheit abzubauen durch Delegation: Hier wird die Ungewissheit externalisiert – sofern sich nicht ergibt, was geschehen soll, liegt es dann immerhin nicht am Handelnden, sondern an den Anderen (Robichaud und Dugas 2015).
4. *Impulsives Entscheiden:* Entscheidungen werden hier schnell und ohne viel Überlegen getroffen. So vermeiden die Entscheidenden, die volle Verantwortung für sie zu haben, wenn etwas schief geht. Die Auswahl eines

Tab. 6.2   Vermeidendes Vergewisserungsverhalten ... und ich

Vermeidendes Vergewisserungsverhalten	Kommt bei mir vor
Vermeidung	
Prokrastination	
Halbherzigkeit	
Impulsives Entscheiden	
Einrichten in Routinen	

Restaurants wird z. B. aufgeschoben, schließlich das Nächstbeste ausgewählt, das noch einen Tisch frei hat – und wenn es nicht gut ist, dann
liegt es eben an den Umständen.

5. *Einrichten in Routinen:* Wer ein hohes Sicherheitsbedürfnis hat, neigt
   eher zu Stereotypen und so geht eine geringe Ungewissheitstoleranz auch
   mit einem ausgeprägten Bedürfnis nach Routine einher. Der ungeliebten
   Koexistenz mit dem Ungewissen wird durch ein sehr routiniertes Leben
   entgegengewirkt: Dienst (und Leben) nach Vorschrift mildert die
   Ungewissheit.

Versetzen Sie sich noch einmal an Ihre *Orte des Ungewissen:* Neigen Sie
in diesen Situationen zu vermeidendem Vergewisserungsverhalten? Und
welches ist es? Kreuzen Sie bitte erneut in der Tabelle an, welche von den
folgenden annähernden Vergewisserungsweisen bei Ihnen vorkommt
(Tab. 6.2).

6.3   Was wäre wenn ... Sorgenmachen in ungewissen Situationen

Ja, was wäre wenn – es bei der Jahresinspektion des Autos doch größere
Probleme gibt? Das könnte teuer werden! Was wenn man es sich dann gar
nicht mehr leisten kann? Hm, vielleicht kann man dann ja eine Raten-
zahlung vereinbaren. Aber was wenn die Werkstatt die nicht akzeptiert?
Dann hat man vielleicht plötzlich keinen Wagen mehr, vielleicht für länger.
Das heißt, es wird schwierig, pünktlich zur Arbeit zu kommen. Und eigentlich wollte man mit dem Auto doch bald in den Urlaub fahren. Nun,
vielleicht könnte man ja auch einen Leihwagen nehmen. Aber wenn nun ...

Typischerweise beginnt das *Sorgenmachen* mit einer ‚Was wäre
wenn'-Frage. Es folgt dann eine Art ungebremstes gedankliches Problem-
lösen: Im *Sich-Sorgen* nehmen Menschen mögliche Probleme vorweg und

antizipieren Lösungen dafür. Sorgen bestehen also aus zwei Komponenten – an negative Konsequenzen denken und problemlösende Gedanken darüber generieren, wie damit fertig zu werden wäre. Nur hört es einfach nicht mehr auf.

Sorgenmachen

„Sich-Sorgen kann [...] verstanden werden als ein mentales Planen und Vorbereiten auf die Zukunft, und als Herstellen ausgearbeiteter Szenarien mit dem Ziel vorherzusagen, was passieren kann und wie man mit verschiedene Ausgänge umgehen kann" (Robichaud und Dugas 2015, S. 5 f., Übers. v. Autor).

Sorgen sind also eine Form der Vorbereitung auf eine ungewisse Zukunft: Gefahren sollen durch das Sorgenmachen antizipiert und vorab gelöst werden. Und jeder Mensch macht sich hin und wieder Sorgen, es ist eine normale alltägliche Erfahrung. So fand eine psychologische Untersuchung bei einer ganz durchschnittlichen Gruppe von Personen, dass 38 % davon sich zumindest einmal am Tag Sorgen machten. Und in einer anderen Untersuchung war auch starkes Sorgenmachen nicht selten – in einer Gruppe von Jugendlichen berichteten 25 % von exzessiven Sorgen (Tallis et al. 1994; Laugesen et al. 2003). Leichtes oder mittleres Sorgenmachen kann sogar sinnvoll sein, aber ausgeprägtes Sorgenmachen hat überwiegend negative Konsequenzen. Es ist eine mentale Problemlöseaktivität, die durchdreht, und einfach kein Ende findet.

Sorgenmachen und *geringe Ungewissheitstoleranz* hängen eng zusammen – Sich-Sorgen ist eine Art gedankliches *annäherndes Vergewisserungsverhalten*: Wenn man nur lang genug über eine unklare Sache nachdenkt, dann wird sich schon irgendwann Gewissheit einstellen, so die Hoffnung. Und psychologische Studien belegen diesen Zusammenhang: Wird zum Beispiel die Ungewissheitstoleranz vergrößert, dann lassen auch die Sorgen nach (Buhr und Dugas 2009).

Beispiel

Das monatliche Treffen mit ihrer Schwester! Und wie sich Frau Gerber darauf freut! Obwohl ... eine Sache daran, wirklich nur eine Kleinigkeit, ist ihr schon etwas peinlich, wenn sie daran denkt. Seit Jahren sitzen sie beide dann in immer einem anderen Restaurant, studieren ausführlich die Karte, erwägen dies oder jenes Gericht ... und bestellen dann: Wiener Schnitzel. Komisch eigentlich, dass sie immer das Gleiche bestellt, wundert sie sich. Aber schließlich sind es so seltene Abende zusammen ... was wäre, wenn sie etwas Anderes, Exotischeres bestellen würden? Vielleicht schmeckt es ja einfach nicht. Und

> liegt dann nicht irgendwie ein Schatten auf ihrem Treffen? Aber das ist doch eigentlich ganz unwahrscheinlich! Aber wenn nun doch: Die Stimmung geht vielleicht in den Keller. Das Gespräch verebbt … man spricht nicht mehr so unbefangen und angeregt wie sonst. Und dann? Na ja, vielleicht könnte man sich ja gemeinsam über das verpatzte Essen aufregen – und das wäre doch auch ganz schön. Aber wenn sie sich beide dann nur noch anschweigen? Irgendwie wüsste sie einfach nicht weiter. Der Abend wäre verdorben. Dann doch lieber die Sicherheit des Wiener Schnitzels.

Versetzen Sie sich noch einmal in Ihr eigenen ungewissen Situationen: Neigen Sie in diesen Situationen zum Sorgenmachen? Und welche sind es?

Bestandsaufnahme – das eigenen Sich-Sorgen

1. Machen Sie sich häufig Sorgen gerade über ungewisse Situationen?
2. Sind diese Sorgen sinnvoll (am Ende steht ein Ergebnis, eine Entscheidung, eine Handlung)? Oder ist es ein negatives Sorgenmachen: Langwierig, anstrengend, angstvoll, sprunghaft und ohne Ergebnis?
3. Neigen Sie eher zu puren Sorgen, die nur die möglichen negativen Ausgänge beinhalten (wie im Beispiel von Frau Gerber)? Oder sind es bei Ihnen zweiseitige Prozesse, ein inneres Zwiegespräch, in dem eine Seite die möglichen Ausgänge und die andere die Möglichkeiten, sie zu verhindern, durchdenkt?

6.4 Persönliche Ungewissheitsepisoden zusammenstellen

Nun ist alles zur Hand, um die eigenen *persönlichen Ungewissheitsepisoden* komplett zusammenzustellen. Eine solche komplette *Ungewissheitsepisode* besteht aus einem *Auslöser* (eine ungewisse Situation) (Abschn. 1.2.3), den an ihr beteiligten *Ungewissheitsüberzeugungen,* also den sechs Facetten der Ungewissheitstoleranz (Abschn. 2.2) – und ihren direkten *Folgen:* den *Ungewissheitsgefühlen* (Abschn. 6.1), dem *Vergewisserungsverhalten* (Abschn. 6.2) und *Sich-Sorgen* (Abschn. 6.3).

Nutzen Sie dafür am besten das bekannte *ABC* der *kognitiven Verhaltenstherapie.* Die ganze Ungewissheitsepisode lässt dich damit auf einem Blick übersehen. Jeder Buchstabe steht hier für etwas – das *A* für den *Auslöser,* das *B* für die *Bewertungen* oder *Befürchtungen* (der *gedankliche Filter* der Überzeugungen) und schließlich steht das *C* für die *Consequenzen* (hier mit ‚C', wie im englischen Original), womit die ausgelösten Folgen, die Gefühle, Verhaltensweisen, aber auch das gedankliche Sorgenmachen gemeint ist.

Tab. 6.3 Beispiel einer Ungewissheitsepisode von Frau Sichersky

A Auslöser

Situativ: Wahrnehmen, dass der erwachsene Sohn nicht zu der üblichen Zeit von der Arbeit kommt

Gedanklich: „Was, wenn ihm nun etwas passiert ist?"

B Bedeutungen, Befürchtungen, Bewertungen

Ungewissheitsüberzeugungen:

1. Ungewissheit bedeutet Gefahr („Er könnte einen Unfall gehabt haben. Deswegen ist er noch nicht da … vielleicht auch noch auf der Autobahn")
2. Ich brauche unbedingt Gewissheit („Ich muss unbedingt wissen, was mit ihm los ist")
3. Ungewissheit ist belastend, unerträglich („Ich halte diese Ungewissheit einfach nicht mehr aus")
4. Ungewissheit paralysiert mich („Was soll ich nur machen?")
5. Kommt nicht vor: Ungewissheit ist unfair (Dimension 6), Ungewissheit wirft ein schlechtes Licht auf mich (Dimension 5)

C Konsequenzen (Consequences)

- *emotionale Folge:* Angst
- *behaviorale Folge:* Annäherndes Vergewisserungsverhalten (Anrufen, häufig aus dem Fenster sehen)
- *gedankliche Folge:* Sorgenmachen (wiederholtes Durchspielen aller möglichen Szenarien für die Verspätung des Sohns)

Orientieren Sie sich am Beispiel von Frau Sichersky, die Sie ja bereits in diesem Kapitel kennengelernt haben (Tab. 6.3).

Nehmen Sie sich nun selbst einfach ein Blatt Papier oder schmeißen Sie ihren Rechner an und stellen ein oder zwei solcher ABCs über die eigene *geringe Ungewissheitstoleranz* und ihre Folgen zusammen. Welche ungewisse Situation ist der Auslöser? Welche gedanklichen Facetten der Ungewissheitstoleranz treten auf? Und welche Folgen ziehen diese nach sich: Machen Sie sich Sorgen? Welches Vergewisserungsverhalten setzen Sie ein?

6.5   Wie eine geringe Ungewissheitstoleranz das Leben beinträchtigen kann

Langwieriges Sorgen, quälende Angst und *ermüdendes Vergewisserungsverhalten* – das kann auf Dauer nicht ohne Folgen bleiben. *Geringe Ungewissheitstoleranz* ist natürlich selbst keine Krankheit. Sie ist nur die innere Einstellung, sehr viel Wert auf ein absehbares Leben zu legen, eine psychische *Allergie gegen das Ungewisse* (Abschn. 2.2). Aber es mehren sich die Befunde, die eine *geringe Ungewissheitstoleranz* mit allgemeinen Belastungen und mehreren psychischen Krankheiten in Verbindung bringen.

Die ungesunden Auswirkungen der Ungewissheit sind in der Psychologie schon lange bekannt. Im *Behaviorismus*, dem Vorläufer der *Verhaltenstherapie*, hatte man sich schon sehr früh mit den belastenden Folgen des Ungewissen beschäftigt – unter dem Begriff der *experimentellen Neurose*. Heute blicken Psychologen darauf wie auf ein grausames Kuriosum. In Tierexperimenten, die heute keine Ethikkommission mehr erlauben würde, hatten Forscher seit den 1910er Jahren versucht, mehr über das Funktionieren des Menschen herauszufinden. So wurde Hunden z. B. beigebracht, dass sie, wenn ein Kreis aufleuchtet, etwas Positives erhalten (Futter), wenn aber eine Ellipse aufleuchtet etwas Negatives (einen leichten Stromstoß). Wurden nun Kreis und Ellipse in dem Experiment immer mehr angeglichen, sodass die Versuchstiere sie nicht mehr unterscheiden konnten, dann reagierten diese abwechselnd mit starker Erregung, starker Erschöpfung oder Unsicherheit: Man hatte sie erfolgreich experimentell *neurotisch, also krank gemacht,* wie die Forscher es damals nannten. Die Verbindung zur Ungewissheit ist kaum zu übersehen: Nähern sich Kreis und Ellipse immer weiter an, dann besteht Unklarheit darüber, ob dieses Signal nun Futter ankündigt oder den Stromschlag. Eine *Ungewissheit* wirkte hier also stark belastend. Glaubt man den Experimenten, dann scheint also vielen Spezies, nicht nur den Menschen, das Ungewisse zuzusetzen. Und auch bei einer weiteren Sache ähnelten Tiere hier den Menschen: Manchen Tieren litten mehr unter der ungewissen Situation als andere. Wie bei Menschen zeigten sich individuelle Unterschiede (Mineka und Kihlstrom 1978; Barlow 2002).

6.5.1   Stress durch das Ungewisse

Ungewissheit ist ein großer Stressfaktor: Wie soll es zum Beispiel einem Angestellten gehen, der unsicher ist, ob er kündigen soll oder nicht, wenn er die Folgen beider Möglichkeiten nicht genau bestimmen kann? Der Stressforscher Achim Peters betont die besonders enge Verbindung zwischen Ungewissheit und Stress: „Nicht zu wissen, was *ich* als nächstes tun soll, erzeugt Unsicherheit. [...] Und Unsicherheit steckt seit jeher hinter jedem Stress" (Peters 2018, S. 16). Je weniger überschaubar und vorhersagbar dabei eine Situation erscheint, desto bedrohlicher wird sie erlebt. Das Herz schlägt schneller und der Atem intensiviert sich, man schwitzt und Hormone wie Adrenalin gelangen ins Blut. Nach Beispielen muss man nicht lange suchen:

Während der Bombardierung Londons im Zweiten Weltkrieg häuften sich die stressbedingten Magengeschwüre in den Vororten, nicht in der Innenstadt.

Denn die Bewohner der City mussten Nacht für Nacht in die Luftschutzkeller flüchten, weil deutsche Maschinen dort regelmäßig ihre tödliche Fracht abwarfen. In die Außenbezirke dagegen verirrte sich selten ein Bomber. Geschah dies aber zufällig einmal, hatten die Menschen den Schrecken des Unerwarteten zu verkraften (Klein 2015, S. 416).

Kommt eine *geringe Ungewissheitstoleranz* hinzu, so nimmt die Stressbelastung noch mehr zu, wie psychologische Studien zeigen: Wenig überraschend traten dabei besonders deutliche Stressreaktionen in Konstellationen auf, in denen Personen mit *geringer Ungewissheitstoleranz* sehr *ungewissen Situationen* ausgesetzt wurden. Personen mit hoher Ungewissheitstoleranz zeigten unter diesen Bedingungen dagegen weniger intensive Stresssymptome (Kuiper et al. 2014).

Stressreaktionen sind an sich nichts Unangemessenes: Der Körper ‚dreht auf‘, um eine schwierige Anforderungssituation besser bewältigen zu können – Stress macht also handlungsfähiger und erhöht so natürlich auch die Chance, in einer ungewissen Lage wieder Gewissheit und Sicherheit herzustellen: „Stress ist ein Unsicherheits-Beseitigungs-Programm" (Peters 2018, S. 167). Aber leider ist es oft schwierig, anstrengend oder sogar unmöglich, wieder Gewissheit zu erlangen: Wie soll man verlässliche Informationen etwa über die Jobsicherheit in einer Firma gewinnen, die von der globalen Marktlage abhängt? Zudem benutzen Personen mit geringer Ungewissheitstoleranz, getrieben von ihrem Gewissheitsverlangen, schnell anstrengende und sinnlose *Vergewisserungshandlungen* (Abschn. 6.2), die mehr Stress erzeugen, also dass sie Sicherheit schaffen. So sind sie doppelt stressanfällig: Sie reagieren sensibler mit Stress auf ungewisse Situationen und ihr Vergewisserungsverhalten und Sorgenmachen löst zusätzlich Stress aus.

6.5.2 Sich selbst aus den Augen verlieren

Der ewige *Kampf um Gewissheit* macht die Lebensführung aber nicht nur stressiger. Er kann auch dazu führen, dass eine Person sozusagen von ihrem Weg abkommt. Verliert man sich selbst aus den Augen, führt also ein Leben, das man eigentlich gar nicht führen möchte, dann spricht man manchmal auch von *Entfremdung*. Als ein *gelungenes Leben* gilt dagegen im Allgemeinen eines, bei dem eine Person ihre wichtigen Ziele verfolgt und erreicht: Und dies gefährdet eine geringe Ungewissheitstoleranz gleich auf mehrere Weisen.

Das übergroße Gewissheitsverlangen macht Sicherheit zum Beispiel schnell zu einem *überwertigen Ziel* – und es verdrängt mit seinem aufwendigen *Vergewisserungsverhalten* andere wichtige Ziele, für die kaum noch Ressourcen bleiben, um sich dort wirklich zu engagieren. Man kommt einfach nicht mehr dazu, sich um die Freunde zu kümmern oder um den Garten. Außerdem kann *vermeidendes Vergewisserungsverhalten* dazu führen, lieber auf das Engagement für ein wichtiges Ziel zu verzichten, wenn es mit Ungewissheiten verbunden ist: Soll ich mich wirklich dafür einsetzen, Schriftsteller zu werden, wenn die Sache doch so ungewiss ist? Man folgt hier nicht mehr dem eigenen weitgestreuten Lebensplan, sondern nur noch einem Stück davon – es sind „teilvernünftige Prinzipien wie Sicherheit, Gesundheit, Umweltschutz, Kosteneffizienz" (Pfaller 2017, S. 143), die hier alles andere verdrängen. Schließlich ist der Mensch nicht allein für seine Gesundheit da, sondern die Gesundheit für den Menschen. Und man darf nicht alles daran setzen, möglichst alt zu werden und gesund zu bleiben, sonst hat man vor dem Tod gar nicht gelebt. Man lebt nicht, um zu arbeiten, sondern arbeitet, um zu leben, so der Philosoph Robert Pfaller. Und genauso steht es mit Sicherheit und Gewissheit.

Zudem wissen Menschen in vielen Situationen nicht ganz bestimmt, was sie eigentlich wollen – sie haben natürlich nicht immer „eine *harmonische* Willensstruktur" (Rössler 2017, S. 76): Man will es sich vielleicht am Abend mit einer Tüte Chips und einer Flasche Wein gemütlich machen (Ziel: Genuss), aber ,eigentlich' will man auch gesund leben (Ziel: Gesundheit). Es ist sicher normal, immer wieder auf diese Weise „einen geteilten Willen zu haben" (ebd., S. 74), also unentschlossen zu sein. Es ist Teil der normalen Komplexität eines modernen Selbst. Um sich hier gut zu entscheiden, welcher Wunsch denn nun vorübergehend Vorrang haben soll (Genuss oder Gesundheit), muss nun aber die Ungewissheit und Ambivalenz dieser widerstreitenden Ziele ausgehalten werden. Was davon wird sich im Nachhinein als das Richtige herausstellen? Man weiß es einfach noch nicht genau. Menschen die diese *innere Ungewissheit* nur schwer aushalten können (welchem Wunsch soll ich nur folgen?), schaffen womöglich vorschnell neue Gewissheiten, verwerfen Teile ihrer Wünsche, nur um sofort innerlich wieder Klarheit zu haben – und verleugnen so eine eigentlich lebenskonforme innere Ambivalenz von Zielen und Wünschen. Sie sind sich einfach zu schnell klar. Sie wenden *Vergewisserungsverhalten* wie *Halbherzigkeit* oder *impulsives Entscheiden* an (Abschn. 6.2), um nur möglichst schnell wieder innerlich Gewissheit zu spüren – nehmen sich aber so vielleicht nicht genug Zeit, für eine gute Auswahl.

6.5.3 Über alles muss man sich Sorgen machen! Die generalisierte Angststörung

Das Besondere bei der *generalisierten Angststörung* ist, dass die Inhalte der Ängste sehr häufig wechseln. Personen mit einer Höhenangst sorgen sich um Türme oder Leitern, Menschen mit sozialen Ängsten denken viel über soziale Ereignisse wie das Halten einer Rede nach, Krankheitsängste bestehen aus Sorgen um die eigene Gesundheit- – aber Personen mit einer generalisierten Angststörung machen sich Sorgen um alles Mögliche in schnellen Wechseln: Heute machen sie sich Sorgen darüber, keinen Parkplatz in der Innenstadt zu bekommen, morgen um die Sicherheit ihrer Kinder. Sorgen sind etwas Normales (Abschn. 6.3), aber hier sind die Sorgen häufiger, sprunghafter und es wird Schlimmeres angenommen. Vor allem handelt es sich um eine recht freie Assoziation im Sich-Sorgen – es wird von Sorge zu Sorge gesprungen, z. B. von der Angst um die Gesundheit zu der, durch Krankheit den Job zu verlieren. Und das Sorgenmachen ist sehr ausufernd: Die Betroffenen berichten von einer deutlich eingeschränkten Lebensqualität. Die *generalisierte Angststörung* ist dabei keine seltene Erkrankung: Etwa 4–7 % der Bevölkerung sind betroffen (Becker und Margraf 2016).

Die generalisierte Angststörung ist also die psychische Erkrankung mit den vielen wechselnden Sorgen. Alle Inhalte haben aber eine Sache gemeinsam – sie drehen sich um ungewisse Situationen. Viele psychologische Studien belegen inzwischen: Personen mit einer generalisierten Angststörung zeigen oft auch eine *Intoleranz gegenüber Ungewissheit*. Angetrieben davon, versuchen die Betroffenen, durch beständiges Sorgenmachen wieder Gewissheit herzustellen, durch das gedankliche Durchspielen aller möglichen Szenarien bezüglich einer ungewissen Situation (Robichaud und Dugas 2015).

Beispiel

Herr Özdemir hat sich schon immer viele Sorgen gemacht. Eigentlich bleibt er jeden Tag an einer anderen Sache hängen, die ihm Sorgen bereitet. Vor einer Woche hatte er zum Beispiel fürs Frühjahr seinen Kleiderschrank ausgemistet, die noch gut tragbaren Sachen in einem Altkleidersack getan und zum nächsten Container gebracht.

Aber schon auf dem Rückweg zur Wohnung begann sein gutes Gewissen langsam zu weichen. Was wenn seine alte Jacke in die falschen Hände gerät? Ach was! Nein! Aber nur mal vorgestellt: Jemand, der seine Jacke trägt, könnte ein Verbrechen begehen, vielleicht einen Einbruch oder eine Schlägerei.

> Aber dann wird doch niemand wissen, woher die Jacke kommt, oder? Na
> ja, vielleicht ist ein Haar von ihm am Kragen der Jacke geblieben. Diese
> DNA-Untersuchungen sollen doch so gut sein, inzwischen. Vielleicht kann die
> Polizei die Jacke doch bis zu ihm zurückverfolgen. Vielleicht wird er dann des
> Einbruchs verdächtigt und komme vor Gericht. Aber das ist doch übertrieben!
> Schließlich habe ich noch nie etwas Derartiges angestellt. Ich bin doch ein ganz
> normaler Bürger. Aber was wenn ich dann doch verurteilt werde, man weiß ja
> nie genau, was passiert. Schrecklich!

6.5.4   Habe ich die Tür wirklich abgeschlossen? Zwänge und das Ungewisse

Zwänge bestehen aus quälenden wiederholten Handlungen, die sich vor allem um das Säubern des eigenen Körpers oder von Dingen (besonders Händewaschen), wiederholte Kontrollen (Ist der Herd wirklich aus?) oder das Beibehalten einer bestimmten Ordnung drehen. Diese sogenannten Zwangshandlungen sollen garantieren, dass sich eine möglicherweise gefährliche Situation nicht entwickeln kann (z. B. ein Feuer bei einem nicht abgeschalteten Herd) – und sie entwickeln sich oft zu einem regelrechten Ritual. Diese Rituale können viel Zeit in Anspruch nehmen und werden oft von großer Anspannung oder Angst begleitet.

Personen, die unter solchen Zwängen leiden, haben nun ausgeprägte Schwierigkeiten mit Ambiguität, Neuheit und unvorhersehbaren Änderungen – Gewissheit ist ihnen wichtig, Ungewissheit bereitet ihnen Unbehagen: Sie können diese nur schwer akzeptieren. Eine *geringe Ungewissheitstoleranz* gilt inzwischen als eine zentrale Grundüberzeugung vieler Zwangsprobleme (Wilhelm und Steketee 2006). Wie das funktioniert, kann man sich leicht ausmalen: Wenn jemand nicht mehr genau genug weiß, ob der Ofen wirklich ausgeschaltet ist und kann diese Ungewissheit nicht tolerieren, dann ist der Druck, sich zu vergewissern ganz besonders hoch … besser noch einmal nachsehen.

6.5.5   Habe ich gestern auf der Feier etwas Peinliches gesagt? Die soziale Phobie

Die *soziale Phobie* ist eine ausgeprägte Furcht vor einer kritischen Bewertung durch andere Menschen: Ständig scheinen die Anderen etwas von den Betroffenen zu erwarten und das eigene Verhalten peinlich genau zu beobachten. Ein Eindruck, der schnell zur Vermeidung zwischenmenschlicher Situationen führt. In Gesellschaft kommt es häufig zu heftigen Angstsymptomen wie Erröten oder Händezittern, Übelkeit oder Blasendruck, die selbst schon wieder als peinlich erlebt werden.

Gleich mehrere Dinge sind nun in einer zwischenmenschlichen Situationen ungewiss: Einmal weiß man oft selbst nicht ganz genau, ob man nun etwas Auffälliges gesagt oder getan hat (Habe ich auf der Feier wirklich etwas Peinliches gesagt?). Aber vor allem wissen die Betroffenen gewöhnlich nichts Genaues über die Gedanken der Anderen – es ist ungewiss, wie deren Bewertungen wirklich ausfallen. Liegen sie mit ihren Befürchtungen überhaupt richtig? Diese *Ungewissheit* muss nun ausgehalten werden. Liegt aber gleichzeitig eine *geringe Ungewissheitstoleranz* vor, dann stimuliert diese Ungewissheit Versuche, sich wieder Klarheit zu verschaffen. Es kommt zu langem Nachdenken über mögliche Bewertungen, zu Anstrengungen in „'mind reading' and ‚fortune telling'"(Boswell et al. 2013, S. 631) – Vergewisserungsverhalten, das wiederum die soziale Angst fördern kann. Denn es sorgt für eine ausdauernde Beschäftigung mit der scheinbar peinlichen Situation.

6.5.6 Bin ich vielleicht ernstlich krank? Ungewissheit und Krankheitsängste

Die *hypochondrische Störung* ist durch quälende unablässige Sorgen um die eigene Gesundheit charakterisiert. Das *Ungewisse* bei Krankheitsängsten liegt nun in der Unklarheit, ob eine körperliche Empfindung wirklich auf eine gefährliche Krankheit hindeutet oder nicht: Was steckt hinter den plötzlichen Magenschmerzen? Ist der gelegentliche Schwindel Zeichen eines Gehirntumors?

Angesichts der oft lang andauernden Ungewissheit hinter solchen Fragen, empfinden Personen mit einer geringen Ungewissheitstoleranz nun stärkere Angst. Aber nicht nur die Angst steigt durch eine ausgeprägte *Intoleranz gegenüber Ungewissheit*, sondern auch der Druck, sich endlich Gewissheit verschaffen zu müssen. Vor allem die *Informationssuche* wird so intensiviert. Psychologische Studien haben ergeben, dass gerade bei geringer Ungewissheitstoleranz nach mehr gesundheitsbezogenen Informationen gesucht wird: Aber dieses Mehr an Information ist oft widersprüchlich und wenig beruhigend, es steigert häufig eher Angst und Sorgen (Rosen et al. 2014).

Gerade bei Krankheitsängsten findet sich neben der Angst aber auch oft Ärger als Emotion, die die geringe Ungewissheitstoleranz begleitet: Man war schon bei so vielen Ärzten und keiner konnte eine genaue Diagnose stellen, die alle Beschwerden aufklärt. Hier sollte man doch von der Medizin mehr Klarheit erwarten können (Fergus und Valentiner 2011)!

6.5.7 Aus heiterem Himmel – die Panikstörung

Panikattacken sind plötzliche starke Angstzustände – und bei der *Panikstörung* versteckt sich das Ungewisse gleich in mehreren Aspekten. So treten Panikattacken schon definitionsgemäß unberechenbar auf, *aus heiterem Himmel,* wie es in Beschreibungen oft heißt. Auch die Gründe hinter und die Konsequenzen von plötzlichen körperlichen Empfindungen sind mit Ungewissheit aufgeladen: Wo kommt das Herzrasen plötzlich her? Führt dieser Schwindel vielleicht zu einer Ohnmacht?

Stößt diese vielfältige *Ungewissheit* nun bei der betroffenen Person auf eine *geringe Ungewissheitstoleranz,* so stimuliert diese Kombination ein ausgeprägtes Vermeidungsverhalten. Außerdem fördert eine ausgeprägte *Intoleranz gegenüber Ungewissheit* auch bei Panikstörung ein *Sorgenmachen* um die beschriebenen Aspekte: Wann kommt es zur nächsten Panikattacke? Was bedeutet dies plötzliche Herzklopfen? Und erste psychologische Studien belegen diesen Zusammenhang: Eine *geringe Ungewissheitstoleranz* findet sich hier ähnlich häufig wie bei der *generalisierten Angststörung* (Boswell et al. 2013).

6.5.8 Ich bin ein Versager … das ist mal sicher – die Depression

Bei einer *Depression* leiden die Betroffenen vor allem unter einer dauerhaft gedrückten Stimmung und einer quälenden Antriebslosigkeit. Die Fähigkeit zur Freude und die Konzentration gehen zurück und ausgeprägte Müdigkeit kann nach jeder kleinsten Anstrengung auftreten. Der Schlaf ist meist gestört, der Appetit vermindert. Selbstwertgefühl und Selbstvertrauen sind ebenfalls fast immer beeinträchtigt.

Oft wird die Depression heute verstanden als Folge einer Überforderung durch die Ungewissheiten der *flüchtigen Moderne* und ihrer Optionenvielfalt (Abschn. 4.2). Der moderne Mensch wird depressiv, „weil ihm angesichts der Vielzahl an Identitätsangeboten und Handlungsoptionen die Kraft zur eigenständigen und besonderen Entscheidung fehlt" (Heidbrink 2012, S. 220). Immer muss man wählen, das erschöpft.

Eine *geringe Ungewissheitstoleranz* verschärft diese Lage noch, weil die Betroffenen sich nun schnell mit einer negativen, aber klaren Lage zufrieden geben statt sich den ungewissen Möglichkeiten zu stellen – lieber also eine pessimistische Gewissheit als eine ausgewogene Ungewissheit. Die Sache geht also bestimmt schief und man selbst trägt die Verantwortung. Von Depression Betroffene sind zudem häufig vom Typus einer *selbstwertorientierten Ungewissheitsintoleranz* (Abschn. 5.2). Die häufige Konfrontation mit Ungewissheiten führt schnell zu einer Selbstabwertung, einem Kernsymptom der Depression.

6.5.9 Wie viele Kalorien waren das gerade eigentlich? Die Essstörungen

Die *Magersucht* oder Anorexie ist durch einen absichtlichen Gewichtsverlust gekennzeichnet. Die Angst vor einem dicken Körper und einer schlaffen Körperform treibt die Betroffenen wie eine tief verwurzelte fixe Idee an und sorgt dafür, dass sie eine sehr niedrige Gewichtsschwelle für sich selbst als Ziel festlegen. Am häufigsten tritt diese Störung bei heranwachsenden Mädchen und jungen Frauen auf. Bei der *Bulimie* kommt es bei einer ähnlichen starken Angst vor Gewichtszunahme und Diäten zudem zu wiederholten Anfälle von Heißhunger, was zu einem Wechsel von Essanfällen und Erbrechen führt.

Auch bei Essstörungen findet sich häufiger eine *geringe Ungewissheitstoleranz* (Frank et al. 2012). Bei der *Anorexie* findet sich z. B. häufig eine ausgeprägte Ungewissheit bezüglich der beim Essen aufgenommenen Kalorien: Wie viele Kalorien habe ich gerade eigentlich zu mir genommen? Trifft nun diese Ungewissheit auf eine geringe Ungewissheitstoleranz, kommt es in der Folge zu Sorgen und Angst vor Gewichtszunahme – gleichzeitig vermittelt sich der Eindruck von Kontrollverlust: Das alles treibt nun wieder ein striktes Diät-Regime an als zentrales Vergewisserungsverhalten (Einstein 2014).

6.5.10 Wie wird es wohl weitergehen? Chronische körperliche Erkrankungen und das Ungewisse

Chronische körperliche Erkrankungen konfrontieren die Betroffenen täglich mit Ungewissheit: Wie wird die Behandlung anschlagen? Wie wird meine Erkrankung weiter verlaufen? Die *Multiple Sklerose* (MS) ist zum Beispiel durch einen besonders schwer vorhersehbaren Verlauf charakterisiert: Die meisten Betroffenen (85 %) erleben einen Verlauf von Ausbruchsepisoden und Rückgang der Beschwerden. Der Zeitpunkt der Episoden ist dabei nicht vorhersehbar, die verbleibenden Residualsymptome ebenso nicht und auch die Schwere und Verortung der Symptome wie der Verlauf über eine längere Zeitperiode sind ungewiss. Betroffene schätzen die Bewältigung der mit der Erkrankung verbundenen Ungewissheit entsprechend als eine der größten Herausforderungen ihrer Erkrankung ein (Alschuler und Beier 2015).

Eine *geringe Ungewissheitstoleranz* erschwert nun den Umgang mit einer solchen chronischen körperlichen Erkrankung – eine *gute Ungewissheitstoleranz* ist hier die Schlüsselvariable für eine Akzeptanz der Diagnose und eine bessere Lebensqualität. In Bezug auf Krebserkrankungen verhält es sich ähnlich – auch hier ist die Krankheit, einmal diagnostiziert, mit einer hohen Unsicherheit versehen und es kommt schnell zu einem verstärkten Sorgenmachen. Erste Studien zeigen auch hier einen Zusammenhang zwischen einem höheren Stress durch die Erkrankung und einer ausgeprägten *Intoleranz gegenüber Ungewissheit* (O'Neill et al. 2006).

Literatur

Alschuler KN, Beier ML (2015) Intolerance of uncertainty. shaping an agenda for research on coping with multiple sclerosis. Int J MS Care 17:153–158

Barlow DH (2002) Anxiety and its disorders: the nature and treatment of anxiety and panic. Guilford Press, New York

Becker E, Margraf J (2016) Generalisierte Angststörung. Ein Therapieprogramm. Beltz, Weinheim

Boswell JF, Thompson-Hollands J, Farchione TJ, Barlow DH (2013) Intolerance of uncertainty: a common factor in the treatment of emotional disorders. J Clin Psychol 69:630–645

Buhr K, Dugas MJ (2009) The role of fear of anxiety and intolerance of uncertainty in worry: an experimental manipulation. Behav Res Ther 47:215–223

Carleton RN (2012) The intolerance of uncertainty construct in the context of anxiety disorders: theoretical and practical perspectives. Expert Rev Neurother 12:937–947

Einstein DA (2014) Extension of the transdiagnostic model to focus on intolerance of uncertainty: a review of the literature and implications for treatment. Clin Psychol: Sci Pract 1:280–300

Fergus TA, Valentiner DP (2011) Intolerance of uncertainty moderates the relationship between catastrophic health appraisals and health anxiety. Cogn Res Ther 35:560–565

Frank G, Shott ME, Roblek T, Pryor T (2012) Heightened fear of uncertainty in anorexia and bulimia nervosa. Int J Eat Disord 45:227–232

Heidbrink L (2012) Depression – die Last der Selbstverantwortung. Die psychischen Folgen der Leistungsgesellschaft. In: Bellebaum A, Hettlage R (Hrsg) Missvergnügen. Zur kulturellen Bedeutung von Betrübnis, Verdruss und schlechter Laune. Springer, Berlin, S 205–225

Klein S (2015) Alles Zufall. Die Kraft, die unser Leben bestimmt. Fischer, Frankfurt a. M.

Köhler A (2007) Lange Weile. Über das Warten. Insel Verlag, Frankfurt a. M.

Kuiper NA, Klein D, Vertes J, Maiolino NB (2014) Humor styles and the intolerance of uncertainty model of generalized anxiety. Europes J Psychol 10:543–556

Laugesen N, Dugas MJ, Bukowski WM (2003) Understanding adolescent worry: the application of a cognitive model. J Abnorm Child Psychol 31:55–64

Mineka S, Kihlstrom JF (1978) Unpredictable and uncontrollable events: a new perspective on experimental neurosis. J Abnorm Psychol 87:256–271

O'Neill SC, DeMarco T, Peshkin BN, Rogers S, Rispoli J, Brown K et al (2006) Tolerance for uncertainty and perceived risk among women receiving uninformative BRCA1/2 test results. Am J Med Genet 42:251–259

Ortony A, Clore GL, Collins A (1988) The cognitive structure of emotions. Cambridge University Press, Cambridge

Peters A (2018) Unsicherheit. Das Gefühl unserer Zeit. C. Bertelsmann Verlag, München

Pfaller R (2017) Erwachsenensprache. Über ihr Verschwinden aus Politik und Kultur. Fischer, Frankfurt a. M.

Reisenzein R, Meyer WU, Schützwohl A (2003) Einführung in die Emotionspsychologie, Bd. 3, Kognitive Emotionstheorien. Huber, Bern

Robichaud M, Koerner N, Dugas MJ (2019) Cognitive behavioral treatment for generalized anxiety disorder. From science to practice, 2. Aufl. Routledge, New York

Robichaud M, Dugas MJ (2015) The generalized anxiety disorder workbook: a comprehensive CBT guide for coping with uncertainty, worry, and fear. New Harbinger, Oakland

Rössler B (2017) Autonomie. Ein Versuch über das gelungene Leben. Suhrkamp, Berlin

Rosen NO, Ivanova E, Knäuper B (2014) Differentiating intolerance of uncertainty from three related but distinct constructs. Anxiety, Stress & Coping 27:55–73

Tallis F, Davey GCL, Capuzzo N (1994) The phenomenology of non-pathological worry: a preliminary investigation. In: Davey GCL, Tallis F (Hrsg) Worrying: perspectives on theory, assessment and treatment. Wiley, New York, S 61–89
Wilhelm S, Steketee GS (2006) Cognitive therapy for obsessive-compulsive disorder. A guide for professionals. New Harbinger, Oakland

7

Die Dinge klarer kriegen: Selbsthilfe bei geringer Ungewissheitstoleranz

Inhaltsverzeichnis

Die eigenen *Orte des Ungewissen* liegen nun offen zu Tage (Abschn. 1.2.3), das persönliche *Ungewissheitsprofil* ist analysiert (Abschn. 2.3) und die eigenen *Episoden geringer Ungewissheitstoleranz* (Abschn. 6.4) sind zusammengestellt – nun geht es um den Aufbau eines geschickteren *Sinns für das Ungewisse*.

Wird die *Intoleranz gegenüber Ungewissheit* als eine *psychische Allergie* (Abschn. 2.2) verstanden, dann tun sich wie bei allen Allergien zwei Wege auf, um weniger unter den auslösenden Allergenen zu leiden – die Allergene in der Umwelt zu reduzieren und die Toleranz ihnen gegenüber zu erhöhen. Beide Wege gehören auch zu einer *guten Ungewissheitsregulation*, zu einem *geschickten* „Sicherheitsmanagement" (Hempel 2012, S. 194) im Leben.

Ziel 1: Mehr Klarheit in ungewissen Situationen gewinnen

Bei einer solchen *Ungewissheitszähmung* geht es natürlich nicht darum, das Ungewisse mit extremem *Vergewisserungsverhalten* (Abschn. 6.2) komplett

© Springer-Verlag GmbH Deutschland, ein Teil von Springer Nature 2020
N. Spitzer, *Schritte ins Ungewisse*, https://doi.org/10.1007/978-3-662-61138-8_7

abzuschaffen. Mit einigen Übungen soll die *Ungewissheit* aber doch so *domestiziert* werden, dass ein angstfreier Umgang mit ihr möglich wird. Sich darin zu üben, ungewissen Situationen ein möglichst großes Maß an Klarheit abzugewinnen, ist Gegenstand dieses Kapitels. Letztlich stellt sich beim *Ungewissen* die gleiche Aufgabe wie bei einer anderen Form des Unklaren, der *Ambiguität*: „Es ist [...] Menschenschicksal, mit Ambiguität leben zu müssen. Vernünftig ist es zu versuchen, Ambiguität auf ein lebbares Maß zu reduzieren, ohne dabei zu versuchen, sie gänzlich zu eliminieren. Ambiguitätszähmung ist also das Ziel, an Stelle von aussichtsloser Ambiguitätsvernichtung" (Bauer 2018, S. 15).

Denn oft genug erscheint Menschen eine Situation unklarer als es sein muss. Wie wird sich die chronische Krankheit also weiterentwickeln in den nächsten Jahren? Man hat schnell den Eindruck, dass die vertrauten, klaren Lebensbereiche von einer *Grauzone des Unvertrauten,* Unklaren umgeben sind, der man gern aus dem Weg gehen würde. Aber vielleicht kostet es nur eine kleine Mühe, nicht auszuweichen, sondern hinzusehen, und dieser Grauzone des Unvertrauten doch mehr Kontur und Klarheit abzugewinnen. Hier geht es darum, nicht nur mehr *Ungewissheitstoleranz* (Kap. 8) aufzubauen, sondern ebenso den *Grad der erlebten Unklarheit* zu verkleinern, wo es möglich ist.

Ziel 2: Die Ungewissheitstoleranz vergrößern
Im nächsten Kapitel geht es vor allem darum, durch vielfältige Übungen den eigenen *gedanklichen Filter der geringen Ungewissheitstoleranz,* das persönliche *Ungewissheitsprofil,* zu verändern, sodass ein neuer Sinn für das Ungewisse entsteht. Auch hier gilt es, ein Extrem zu vermeiden. Aber es betrifft nicht ein übertriebenes Sicherheitsdenken, sondern eine zu große *Ungewissheitsbegeisterung,* wie sie mit den Figuren des *Edgeworkers* und *Sensation Seekers* (Abschn. 2.1) beschrieben worden ist. Es geht viel realistischer darum, eine geerdete, ausbalancierte *Ungewissheitskompetenz* zu erlernen, um sich in Zukunft angstfreier und souveräner in ungewissem, unsicherem Gelände bewegen zu können.

7.1   Das Ungewisse zähmen lernen

Der Grundgedanke der *Ungewissheitszähmung* ist ganz einfach: Gelingt es, *das Unklare einer Situation zu reduzieren,* dann aktiviert der sensible *gedankliche Filter geringer Ungewissheitstoleranz nicht so stark* – und es entsteht weniger Angst, Sich-Sorgen und Vergewisserungsverhalten. Der Ungewissheitsalarm bleibt sozusagen aus, zumindest teilweise. Wird es heute Nachmittag regnen? Finde ich einen Parkplatz am Museum? Handelt es sich bei diesem Hautflecken um schwarzen Hautkrebs? Auf den ersten Blick wirken solche Situationen besonders auf ungewissheitssensible Personen beunruhigend unklar und unbestimmt. Aber es lässt sich lernen, ihnen auf den zweiten Blick mehr Klarheit abzuringen.

Natürlich nicht auf der praktischen Seite durch erschöpfendes *Vergewisserungsverhalten* – sondern durch *Ungewissheitsreduktion im eigenen Kopf*. Lässt sich durch eine nähere Analyse einer ungewissen Situation nicht vielleicht doch noch etwas mehr Klarheit gewinnen? Es ist ein Ansatzpunkt, den sich schon altehrwürdige Lebensratgeber zu Eigen gemacht hatten, etwa der bekannte Philosoph Arthur Schopenhauer im frühen 19. Jahrhundert.

Ungewissheitszähmung à la Schopenhauer

„Uns zu beunruhigen sind bloß solche künftige Übel berechtigt, welche gewiß sind und dessen Eintrittszeit ebenfalls gewiß ist. Dies werden aber sehr wenige sein: denn die Übel sind entweder bloß möglich, allenfalls wahrscheinlich; oder sie sind zwar gewiß; allein ihre Eintrittszeit ist völlig ungewiß […]. Um also nicht der Ruhe unseres Lebens durch ungewisse, oder unbestimmte Übel verlustig zu werden, müssen wir uns gewöhnen, jene anzusehen, als kämen sie nie; diese, als kämen sie gewiß nicht sobald" (Schopenhauer 2012, S. 129).

Einfach so tun, als würden ungewisse Möglichkeiten gar nicht eintreten? Ganz so einfach wollen wir es uns dann doch nicht machen. Genutzt wird vielmehr die häufig gemachte Unterscheidung zwischen *Unwissenheit, Ungewissheit* und *Risiko*. Es sind drei Formen der *Unsicherheit* und ihr Unterschied erklärt sich am besten an einem Beispiel. Stellen Sie sich vor, es ginge um die Frage, wie sich ihre chronischen Rückenschmerzen im nächsten Jahr entwickeln werden. Solche Verläufe hängen von vielen, vielleicht kaum untersuchten Faktoren ab, die nicht eindeutig vorherzusagen sind, eine unsichere Situation. Stellen Sie sich vor, daran ist die Entscheidung geknüpft, ob Sie im nächsten Jahr eine Fernreise riskieren sollen.

Ist eine zukünftige Lage völlig offen und unklar, dann herrscht *Unwissenheit* – man kennt nicht einmal die verschiedenen Ausgangsmöglichkeiten. Man wirft die Frage nach den Rückenschmerzen auf – und sieht nur einen Nebel der Unklarheit, der besonders verunsichernd ist. Die Entscheidung über die Fernreise erscheint unmöglich. Bei vielen Umständen ist die Lage leider derart schlecht: „Die Informationslage ist bei vielen Entscheidungssituationen derart diffus, dass weder die verschiedenen Handlungsalternativen. Geschweige denn die sich jeweils ergebenden Ergebnisse auszumachen sind. In derartigen Situationen wird notwendigerweise ‚aus dem Bauch heraus‘ entschieden" (Dörsam 2013, S. 7).

Kennt man zwar die Ausgangsmöglichkeiten, aber nicht deren Wahrscheinlichkeit, dann spricht man von *Ungewissheit* (Regnet es morgen oder nicht?). Möglicherweise lohnt es sich, erst einmal anzunehmen, dass die Rückenschmerzen, besser werden können, schlimmer, aber auch in etwa gleich bleiben können. Bei einer *Entscheidung unter Ungewissheit* ist es also schon ein wenig besser: Hier sind immerhin die verschiedenen Alternativen bekannt, aber leider kann man ihnen unter den Bedingungen keine klaren Wahrscheinlichkeiten zuordnen – alle Alternativen drängen sich in gleicher Weise auf. Hier kann man immerhin schon ein wenig weiterdenken: Mit den aktuellen Schmerzen ist eine Fernreise möglich, wenn sie sich verbessern natürlich auch. Nur wenn sie sich verschlechtern nicht.

Kennt man nun auch noch ungefähr die Wahrscheinlichkeit der Ausgangsmöglichkeiten, dann spricht man von *Risiko* (Wahrscheinlich regnet es morgen, aber ganz sicher ist sich der Wetterbericht nicht). Schmerzexperten gehen vielleicht davon aus, dass die Rückenschmerzen in den meisten Fällen etwa gleich bleiben im Zeitraum eines Jahres. Bei einer *Entscheidung unter Risiko* sieht die Lage also besser aus – hier sind die Möglichkeiten, die eintreten können, bekannt und zudem noch deren Wahrscheinlichkeiten. Verlässt man sich auf diese Wahrscheinlichkeiten, dann wird auch eine Entscheidung über die Fernreise leichter.

Betrachten Sie Ihre eigenen Orte des Ungewissen (Abschn. 1.2.3) noch einmal aus diesem Blickwinkel. Welche Form des Unsicheren herrscht in Ihnen: Unwissenheit, Ungewissheit oder Risiko?

Bestandsaufnahme – Ungewissheit, Unsicherheit, Unwissenheit

1. Sind sie sich bei ihren eigenen unklaren Situationen der verschiedenen Ausgangsmöglichkeiten bewusst (wie bei einem Wettkampf, bei dem man die Mannschaften nicht kennt: gewinnen, verlieren, unentschieden) oder sind auch diese im Unklaren? Handelt es sich also eher um Ungewissheit oder um Unwissenheit?
2. Können Sie bei manchen auch ungefähr eine Eintretenswahrscheinlichkeit schätzen, wenigstens so ungefähr? Ist das eine doch sehr unwahrscheinlich, das andere wahrscheinlicher?

7.2 Den eigenen Möglichkeitssinn trainieren

Werde ich pünktlich den Termin beim Arzt in der Nachbarstadt wahrnehmen können? Wie entwickelt sich meine chronische Krankheit wohl im nächsten Jahr? Jemand wirft eine solche Frage auf – und zuerst erscheint die zukünftige Entwicklung so erdrückend unklar, dass die Person hilflos und angespannt vor dieser Situation innehält. Alles, was kommt, scheint in einem undurchdringlichen Nebel vor ihr zu liegen – *sie ist völlig unwissend.* Aus einer solchen Unwissenheit heraus trotzdem zu handeln, ist besonders schwierig – schließlich kann sie sich auf wirklich gar nichts vorab einstellen. Was soll die Person nur tun, wenn jegliche Kontur fehlt, an der sie sich orientieren könnte? Ihr bleibt nur die Möglichkeit, *,aus dem Bauch heraus'* zu entscheiden und zu handeln. Eine fast unlösbare Aufgabe, gerade bei Personen, die auch noch besonders sensibel sind für Unklarheiten.

Stehen immerhin die Möglichkeiten, wie eine Sache ausgehen könnte, klar vor Augen, dann fällt es schon leichter, sich auf die Situation einzustellen: Entweder es regnet heute Nachmittag oder nicht ... man kann ja immerhin vorsichtshalber einen Schirm mitnehmen. Unter *Möglichkeitssinn* wird hier die Fähigkeit verstanden, die möglichen Ausgänge unklarer Situationen zu entdecken – *Unwissenheit in Ungewissheit verwandeln* zu können. Es geht also am Beispiel eines Münzwurfs von ‚Welche Ausgänge gibt es? Keine Ahnung' zu ‚'Welche Ausgänge gibt es? Kopf oder Zahl'. Eine vage unbestimmte Zukunft gewinnt durch vorstellbare, konkrete Alternativen eine Kontur mehr und erscheint so handhabbarer. Nun ist immerhin bekannt, was kommen könnte – und man kann sich auf die möglichen Ausgänge einstellen.

Eine Übung kann nun dabei helfen, zu trainieren sich die verschiedenen unbemerkten Optionen einer Situation bewusster zu machen ... und so Unwissenheit über eine Situation in Ungewissheit zu verwandeln. Nehmen Sie sich noch einmal ihre unangenehmen Ungewissheiten vor: Sind Sie sich bei Ihren eigenen unklaren Situationen der verschiedenen Ausgangsmöglichkeiten bewusst oder ist auch dies im Unklaren? Nehmen Sie sich für die Übung die Situationen vor, bei denen sie noch nicht wirklich über die möglichen Ausgänge nachgedacht haben.

Übungen – den eigenen Möglichkeitssinn schulen

1. *All-Case-Szenario:* Es ist eine Methode des Vorstellens von Zukunftsalternativen. Nehmen Sie das einfache Beispiel der Sorge, ob man pünktlich den Termin beim Arzt in der Nachbarstadt wahrnehmen kann – entweder man

kommt pünktlich oder nicht. Vielleicht gibt es beim zweiten Ausgang noch die Unterscheidung, ob man trotzdem noch den Arzt sehen kann oder einen neuen Termin ausmachen muss. Eine doch eigentlich übersichtliche Lage, auch wenn man über das Eintreten des einen oder anderen nichts weiter sagen kann, oder?

Vertiefen Sie nun Ihren *Möglichkeitssinn*, indem sie sich eine Woche lang für besonders unklare Situationen jeweils ein paar typische Ausgänge vorstellen, entlang der Frage: Was kann eigentlich nun genau passieren? Welche Alternativen gibt es?

2. *Mit einer Möglichkeitsschwemme umgehen:* Manchmal finden die Optionen allerdings gar kein Ende, gerade in einer modernen Multioptionsgesellschaft (Abschn. 4.2): Welchen Laptop soll ich kaufen? Welche Ferienwohnung buchen? Hier sind die Angebote so unübersichtlich, dass schnell aller Überblick, den der eigene *Möglichkeitssinn* geschaffen hat, wieder verlorengeht im Meer der Alternativen. Das Ganze beginnt schon an der Eisdiele im eigenen Viertel – welche der fünfzig Eissorten nehmen? Zitrone und Ananas, wie immer? Aber warum nicht mal ‚Ruhrfeuer', was immer das auch sein soll … oder dies komische leuchtend blaue Zeugs, das aussieht wie die Farbe von Badezimmerkacheln? Oft ist dies nur ein Problem, wenn von außen bereits (zu viele) Möglichkeiten vorliegen.

Wählen Sie bei einer zu großen Optionenvielfalt eine Gut-genug-Strategie: Bestimmen sie die wichtigsten Kriterien, die ein Laptop, eine Ferienwohnung, eine Eissorte für Sie erfüllen soll und gehen Sie nun linear die Angebote durch – das erste Angebot, dass die Kriterien erfüllt wird ausgewählt und der weitere Suchprozess abgebrochen (auch wenn bestimmt noch eine der weiteren zehntausend Möglichkeiten ein klein wenig besser wäre).

7.3 Vom Wahrscheinlichen ausgehen

In manchen unklaren Situationen geht aber vielleicht noch mehr als bloß *Unwissenheit* und *Ungewissheit* zu verwandeln. Oft genug bildet sich doch der Eindruck wie von selbst, dass der eine Ausgang wahrscheinlicher ist als der andere. Und die *Wahrscheinlichkeit von Ausgangsmöglichkeiten* zu bestimmen, ist eine wirklich hilfreiche Sache – mit der Wahrscheinlichkeit wird die ungewisse Zukunft noch ein Stück durchschaubarer. Plötzlich ist nicht nur bekannt, was möglich ist, sondern eben noch etwas mehr: Wahrscheinlich wird es regnen. Wahrscheinlich bekomme ich einen Parkplatz in der Nähe der Arztpraxis und bin dann pünktlich dort.

Die unklare Gefahr, keinen Parkplatz an der Arztpraxis zu bekommen, verwandelt sich in ein bestimmbares, recht kleines *Risiko*. Und das Risiko bringt die optimistische Vorstellung mit sich, prinzipiell sogar die unklaren Situationen beherrschen zu können – ist das Risiko klein, dann lässt man sich eben auf das Unklare ein. Das Abschätzen von wahrscheinlichen Ausgängen hilft dabei, auszuwählen, was nun eine vernünftige Entscheidung oder Handlung ist. Vernünftig erscheint es nun, Handlungen auszuwählen, die eine geringe Verlust-, aber eine hohe Gewinnwahrscheinlichkeit besitzen. In *Risiken* zu denken, macht also handlungsfähiger, wo man sich sonst einfach ausgeliefert fühlt – und das macht auch einen bedeutenden Unterschied im Erleben aus: Junge Großstädter zum Beispiel verstehen AIDS oft eher als ein Risiko, gegen das sie sich mit bestimmten Vorsichtsmaßregeln wappnen, während ältere, ländlich lebende Personen zwar kaum wirklich in Gefahr sind, an AIDS zu erkranken, darin aber viel häufiger eine unkontrollierbare Gefahr sehen, der sie hilflos ausgeliefert sind (Japp und Kusche 2008).

Wo es also gelingt, *Ungewissheit* in *Risiko* zu verwandeln, entsteht mehr Klarheit und Sicherheit, wenn auch keine 100 %ige: Wenn man weiß, dass es *wahrscheinlich* regnen wird, dann nimmt man besser einen Schirm mit – plötzlich erscheint einem eine Handlungsweise vernünftiger und richtiger als andere. Und wenn nun die eine Umgangsweise als vernünftig erscheint, dann ist man ein klein wenig bereiter, das damit verbundene Restrisiko auch einzugehen. Vielleicht regnet es ja doch nicht und nun man muss nun den ganzen Nachmittag einen Schirm mit sich herumtragen ... aber vernünftig war es eben doch.

In den folgenden drei Übungsschritten geht es nun darum, sich darin zu üben, ungewisse Situationen zu Risikosituationen ‚upzugraden‘ und so mehr Klarheit zu gewinnen. Üben Sie sich in den folgenden Aufgaben:

1. Subjektive Wahrscheinlichkeiten schätzen
2. Diese Wahrscheinlichkeiten noch einmal überprüfen, ob sie auch halbwegs zutreffen
3. Die Bereitschaft aufbauen, ein kleines verbleibendes Risiko einzugehen

Schritt 1: Subjektive Wahrscheinlichkeiten schätzen
Auch bei einer *geringen Ungewissheitstoleranz* fällt es nicht besonders schwer, ein Gespür dafür zu entwickeln, welche Ausgänge einer Situation wie wahrscheinlich sein könnten. Es ist, als hätten alle Menschen bereits eine Art Sensor dafür – er wird nur im Alltag oft nicht genutzt.

Angenommen, eine Person, die mit der *Alltagsungewissheit* hadert, ob sie den Arzt in der Nachbarstadt pünktlich erreichen wird, hat sich drei Strategien ausgedacht, dorthin zu gelangen: Eine Stunde vor dem Termin mit dem eigenen Auto losfahren, an einem der vorigen Tage die Strecke probefahren, um die nötige Zeit besser einschätzen zu können – und sich von der Tochter mit deren Auto dort absetzen lassen. Was führt nun mit welcher Wahrscheinlichkeit dazu, pünktlich anzukommen? Auf die eigenen

Erfahrungen gestützt, werden sich viele Personen hier eine Schätzung zutrauen. Die erste Alternative hat vielleicht zu 60 % Erfolg, die zweite zu 70 % und die dritte zu 90 %. So bleibt die Person im Beispiel handlungsfähiger, weil nun die Vernunft einem rät, sich für die Lösung mit der höchsten Wahrscheinlichkeit zu entscheiden.

Wie sieht es nun mit ihren eigenen ungewissen Situationen aus? Versuchen Sie für ihre eigenen *Orte des Ungewissen* und deren Ausgangsmöglichkeiten Wahrscheinlichkeiten zu schätzen.

Vorübung – hypothetische Ungewissheiten aussondern

Personen mit *geringer Ungewissheitstoleranz* machen sich häufig Sorgen um Situationen, mit denen sie aktuell gar nicht konfrontiert sind – um *hypothetische Probleme* (Robichaud und Dugas 2015): Wenn ich im nächsten Jahr in den Urlaub fliegen sollte, wird dann das Flugzeug abstürzen? Hier kann man sich zum Glück das Einschätzen der wahrscheinlichen Ausgänge einfach sparen! Überlegen Sie also vorab: Welche der ungewissen Situationen, über die ich mir Sorgen mache, sind bloß hypothetische Probleme, Situationen, die (noch) gar nicht anstehen? Also Probleme, über die es sich gar nicht lohnt, nachzudenken: Unterbrechen Sie Gedanken an diese irrealen Probleme danach im Alltag sofort (und immer wieder), sobald sie auftreten.

Übung – Wahrscheinlichkeiten in ungewissen Situationen schätzen

1. Lassen sich in Ihren ungewissen Situationen den einzelnen Ausgangsmöglichkeiten ebenfalls unterschiedliche Wahrscheinlichkeiten zuordnen?
2. Verändert sich dadurch Ihr Sicherheitsgefühl? Warum eigentlich?
3. Fällt es nun leichter eine Wahl zu treffen? Zu handeln?

Schritt 2: Die Wahrscheinlichkeiten noch einmal prüfen

Gerade bei einer *geringen Ungewissheitstoleranz* lohnt es sich, der eigenen ersten Schätzung nicht gleich zu vertrauen. Betroffenen Personen neigen nämlich oft zu einer besonderen *Gefahrenüberschätzung* – negative Ausgänge erscheinen schnell verdächtig wahrscheinlich (Carleton et al. 2016).

Übungen – die spontan geschätzten Wahrscheinlichkeiten absichern

1. *Umfragemethode*: Gemeint ist eine informelle kleine *Umfrage,* bei der man Freunden oder Bekannten die ungewisse Situation mit ihren Ausgangsmöglichkeiten erzählt – und sie bittet, ebenfalls die Wahrscheinlichkeiten einzuschätzen. Abschließend kann man deren Schätzung mit der eigenen vergleichen. Wenden Sie diese Methode nun an ihren Beispielen an, da wo es Ihnen möglich erscheint. Wie sehen die Ergebnisse aus? Weichen die Schätzungen deutlich von Ihren eigenen ab? Korrigieren sie abschließend Ihre eigenen Schätzungen aufgrund der neuen Informationen

2. *Expertenbefragung:* Manchmal lohnt es sich auch, einen Experten zu fragen, der möglicherweise genauer Auskunft geben kann über bestimmte Wahrscheinlichkeiten – bei der Sorge um die Wahrscheinlichkeit eines Unfalls könnte man sich z. B. an den ADAC wenden, der hier vielleicht weiterhelfen kann. Wie hoch ist das Risiko, sich beim Einkauf mit dem Coronavirus anzustecken? Auch zu dieser und ähnlichen Fragen haben sich viele Experten zu Wort gemeldet. Finden sich unter Ihren ungewissen Situationen welche, bei denen eine solche Expertenbefragung ein guter und möglicher Weg ist? Vergleichen Sie die Aussagen der Experten wieder mit den eigenen Schätzungen: Liegen beide sehr weit auseinander? Und korrigieren sie abschließend die eigenen Schätzungen.

Schritt 3: Die Bereitschaft zu einem kleinen Risiko aufbauen

Schätzt zum Beispiel die Person im Beispiel den Erfolg, den Arzt in der Nachbarstadt pünktlich zu erreichen, wenn sie sich von der Tochter bringen lässt, auf 90 % ein, so hilft das alles nichts, wenn sie trotzdem nicht bereit ist, dies Restrisiko von 10 % zu tragen. Nur mit dieser grundsätzlichen Bereitschaft, ein kleines Risiko einzugehen, wird sie durch die *Wahrscheinlichkeitsmethode* wieder handlungsfähiger.

Und die Fähigkeit, solche Risiken eingehen zu können, wird immer mehr gefordert – *Risikobereitschaft* wird inzwischen eigentlich von jedem Bürger erwartet. Alle Menschen sollen schließlich ihr Leben wie Unternehmer (Abschn. 4.3.4) führen und wenn „jeder heute sein Leben wie ein Unternehmen führen soll, so hat er Risiken aktiv einzugehen und zwischen unterschiedlichen Risiken abzuwägen" (Schmidt-Semisch 2004, S. 226).

Hier lohnen sich besonders *Risikoübungen* – als ein gutes Mittel, um die eigene große *Risikoscheu* zu überwinden (Oelkers et al. 2007). Mit ihnen wird spürbar, dass letztlich alle Handlungen im Alltag einem gewissen Restrisiko unterliegen – indem absichtlich kleine Risiken eingegangen und die Folgen auswertet werden.

Risikoübungen

1. Unternehmen Sie Dinge, bei denen es ein kleines Risiko eines negativen Ausgangs gibt (und die Folgen nicht gravierend sind) – das Auto für eine Weile ohne Parkschein parken; sich in der Nachbarstadt im Café verabreden und losfahren, ohne zu wissen, wo Sie dort genau parken können; das Licht in einem Zimmer anlassen, wenn die Wohnung verlassen wird (oder das Radio anlassen).
2. Werten Sie die Erfahrungen aus: Wie unruhig waren Sie? Wie war die Erfahrung mit dem Risiko? Wie ist die Situation ausgegangen?

3. Erforschen Sie sich selbst: Wie ist eigentlich ihre Risikobereitschaft, wenn es um positive Dinge geht? Setzen Sie auf eine 1 %ige Gewinnchance (für einen Gewinn von, sagen wir, 200 €), schrecken aber vor negativen Risiken zurück, wenn sie etwa 1 % betragen? Messen Sie hier mit zweierlei Maß?

7.4 Wahrscheinlichkeit … wirkt sie überhaupt bei geringer Ungewissheitstoleranz?

Aber lohnt sich die ganze Mühe, besser mit Wahrscheinlichkeiten jonglieren zu können, überhaupt? Anfangs zumindest war man in der Psychologie der Überzeugung, dass das *Wahrscheinlichkeitsdenken* gerade bei einer *geringen Ungewissheitstoleranz* keinen Effekt zeigt. Psychotherapien, die ein realistisches Einschätzen von Wahrscheinlichkeiten trainierten, zeigte gerade bei der *generalisierten Angststörung* (Abschn. 6.5.3), einer psychischen Krankheit, die besonders durch *geringe Ungewissheitstoleranz* charakterisiert ist, keinen durchgreifenden Erfolg. Eine realistische Gefahreneinschätzung schien hier wenig Erfolg zu haben, weil Personen mit einer geringen Ungewissheitstoleranz schon eine *minimale Wahrscheinlichkeit eines negativen Ausgangs* als zu gefährlich ansehen. Sie rechnen einfach nicht – allein die Möglichkeit eines bedrohlichen Ausgangs gilt ihnen als schlimm genug (Rapgay et al. 2011).

Inzwischen weiß man aus der neueren psychologischen Forschung zur generalisierten Angststörung, dass auch Personen mit einer geringen Ungewissheitstoleranz durchaus ein Auge für Wahrscheinlichkeiten haben. Vor allem eine Untersuchung ist hier interessant: Aus eine Gruppe mit normaler Ungewissheitstoleranz gaben hier 90 % an, dass eine geringe Wahrscheinlichkeit eines negativen Ausgangs ihr Bedrohungsgefühl senkt, aus der *Gruppe mit geringer Ungewissheitstoleranz* gaben dagegen 50 % an, dass allein eine geringe Wahrscheinlichkeit eines negativen Ausgangs ihre Einstellung gegenüber Ungewissheit als bedrohlich nicht ändern würde. Die andere Hälfte springt aber eben doch auf das Wahrscheinlichkeitsdenken an (Fracalanza 2015).

Wenn also auch Personen mit einer geringen Ungewissheitstoleranz nicht ganz so empfänglich für die Wirkungen des *Wahrscheinlichkeitsdenkens* zu sein scheinen, so ist ein großer Teil von ihnen durchaus offen dafür. Methoden der *Ungewissheitszähmung* sind also durchaus ein lohnender Baustein, um die *Belastungen geringer Ungewissheitstoleranz* (Kap. 6) zu mildern.

Literatur

Bauer T (2018) Die Vereindeutigung der Welt. Über den Verlust an Mehrdeutigkeit und Vielfalt. Reclam, Stuttgart

Carleton RN, Duranceau S, Shulman EP, Zerff M, Gonzales J, Mishra S (2016) Self-reported intolerance of uncertainty and behavioural decisions. J Behav Ther Exp Psychiatry 51:58–65

Dörsam P (2013) Grundlagen der Entscheidungstheorie. PD-Verlag, Heidenau

Fracalanza, K (2015) An in-depth examination of intolerance of uncertainty and its modification in generalized anxiety disorder. Dissertation: https://digital.library. ryerson.ca/islandora/object/RULA%3A4338. Zugegriffen: 15. Apr. 2020

Hempel L (2012) Gefühl und Selbstführung. Seneca und die Technologie der inneren Sicherheit. In: Metelmann J, Beyes T (Hrsg) Die Macht der Gefühle Emotionen in Management, Organisation und Kultur. Berlin University Press, Berlin, S 191–204

Japp KP, Kusche I (2008) Systems Theory and Risk. In: Zinn JO (Hrsg) Social theories of risk and uncertainty. Blackwell Publishing, Malden, S 76–105

Oelkers C, Hautzinger M, Bleibel M (2007) Zwangsstörungen. Ein kognitiv-verhaltenstherapeutisches Behandlungsmanual. Beltz, Weinheim

Rapgay L, Bystritsky A, Dafter RE, Spearman M (2011) New strategies for combining mindfulness with integrative cognitive behavioral therapy for the treatment of generalized anxiety disorder. Rational-Emot Cognitive-Behav Ther 29:1192–1194

Robichaud M, Dugas MJ (2015) The generalized anxiety disorder workbook: a comprehensive CBT guide for coping with uncertainty, worry, and fear. New Harbinger, New York

Schmidt-Semisch H (2004) Risiko. In: Bröckling U, Krasmann S, Lemke T (Hrsg) Glossar der Gegenwart. Suhrkamp, Frankfurt a. M., S 222–227

Schopenhauer A (2012) Schopenhauers Aphorismen zur Lebensweisheit. Salzwasser, Paderborn

8

Ungewissheitstoleranter werden: Selbsthilfe bei geringer Ungewissheitstoleranz

Inhaltsverzeichnis

© Springer-Verlag GmbH Deutschland, ein Teil von Springer Nature 2020
N. Spitzer, *Schritte ins Ungewisse*, https://doi.org/10.1007/978-3-662-61138-8_8

Längst nicht alle *Ungewissheiten* lassen sich durch Wahrscheinlichkeitsschätzungen in *Risiken* ‚upgraden' (Abschn. 7.3). Für manche Autoren ist die Welt der echten *Ungewissheit*, des „unbekannten Unbekannten" (Gigerenzer 2014, S. 37), sogar ungleich größer. Eine gut ausbalancierte *Ungewissheitstoleranz* bleibt also eine unverzichtbare *Schlüsselkompetenz* für das notorisch *unsichere Gelände* des modernen Alltags. Dieses Kapitel dreht sich genau um diese Schlüsselkompetenz – den Aufbau einer angemessenen *Ungewissheitstoleranz*.

Die geringe Ungewissheitstoleranz ist gekennzeichnet durch einen besonderen *gedanklichen Filter* (Abschn. 2.2), dessen *sechs Überzeugungen* (Abschn. 2.3) dem Ungewissen seine bedrohliche, ja, unheimliche Aura geben. Oft verzerren diese Überzeugungen eine eigentlich harmlose ungewisse Situation ins Gefährliche und Belastende. Dieses Kapitel widmet sich daher ausführlich dem Austausch dieses gedanklichen Filters – von einem negativen zu einem realistischen Blick auf ungewisse Situationen. Alle sechs Überzeugungen *geringer Ungewissheitstoleranz* werden nun kritisch ins Auge gefasst – Sie sollten sich natürlich besonders mit denen befassen, die in Ihrem eigenen *Ungewissheitsprofil* auftauchen (Abschn. 2.3). Ziel ist ein neuer *gedanklicher Filter,* der einen realistischen Blick auf das Ungewisse ermöglicht – oder anders gesagt: Es geht um *ausbalancierte Überzeugungen bezüglich der Ungewissheit* (Robichaud et al. 2019)

Schon das Wort *Toleranz* macht es ja deutlich – es hat den gleichen Wortstamm wie das Deutsche ‚dulden'. Auch eine *ausbalancierte Ungewissheitstoleranz* verspricht erst einmal nicht zu viel: „Toleranz impliziert, daß die tolerierte Sache [...] tadelnswert ist" (Bauman 2005, S. 22). Man muss eben Ungewissheit nicht wirklich mögen, selbst wenn man gelernt hat, gut mit ungewissen Situationen fertig zu werden. Bei der Veränderung des gedanklichen Filters geringer Ungewissheitstoleranz geht es also gerade nicht um abgehobene *Ungewissheitsumarmungen,* denn schließlich werden ungewisse Situationen von den meisten Menschen eher als Zumutungen empfunden (Abschn. 2.3). Und geht es nicht auch in vielen von Ihnen um *unangenehme Möglichkeiten?* Wie wird die Viruserkrankung bei mir verlaufen? Gibt es neben dem Hotel im Urlaub eine lärmende Baustelle? Der neue gedankliche Filter sollte also möglichst realistisch ausfallen (Tab. 8.1).

Natürlich lässt sich ein *gedanklicher Filter* nicht derart leicht austauschen wie der Filter einer Kaffeemaschine. Stellen Sie sich zum Beispiel vor, Sie wollen jemanden davon überzeugen, die wenigen Kilometer bis zur Arbeit nicht mehr mit dem Wagen, sondern gelegentlich mit dem Fahrrad zurückzulegen. Wie stellen Sie das am besten an? Zuerst werden Sie gute Gründe anzugeben versuchen ... es ist besser für die Umwelt, gesünder ist es auch. Das ist ein guter Anfang, aber wäre das allein wirklich überzeugend? Oft überzeugt doch die eigene Erfahrung am meisten. Daher lohnt es sich, die Dinge, die man ändern möchte, einfach mal auszuprobieren. Sie würden also vielleicht sagen: Fahr doch einfach mal zwei Tage mit Fahrrad zur Arbeit! Auch das *Verändern der Überzeugungen geringer Ungewissheitstoleranz* orientiert sich an diesen beiden Schritten:

Tab. 8.1 Negativer und realistischer *gedanklicher Filter* für das Ungewisse

Negative Überzeugungen bezüglich des Ungewissen	Realistische Überzeugungen bezüglich des Ungewissen
1. Gewissheit ist absolut notwendig	1. Ich hätte gern Gewissheit, kann mich aber auch mit Ungewissheit ganz gut arrangieren
2. Ungewissheit ist gefährlich	2. Ungewissheit ist nicht unbedingt gleich gefährlich, sondern oft neutral, manchmal sogar positiv
3. Ungewissheit ist belastend	3. Ungewissheit muss nicht an sich belastend sein, sie wird es oft erst durch anstrengendes Vergewisserungsverhalten
4. Ungewissheit macht mich handlungsunfähig	4. Auch in ungewissen Lagen lässt sich oft noch sinnvoll handeln
5. Häufig Ungewissheit zu erleben wirft ein schlechtes Licht auf mich	5. Häufig Ungewissheit zu erleben lässt nicht auf den eigenen Charakter schließen. Sie ist normal und alle Menschen sind ihr ausgesetzt.
6. Ungewissheit ist unfair	6. Alle Menschen sind Ungewissheit ausgesetzt, nicht nur ich, und das auch noch etwas gleich häufig.

1. Gedankliches Überprüfen der bisherigen Überzeugungen (und Aufbau neuer Überzeugungen)
2. Übungen und Verhaltensexperimente, um die veränderten Einstellungen durch neue Erfahrungen zu vertiefen

8.1 Das Gewissheitsverlangen flexibilisieren

Gewissheit ist absolut notwendig	**Ich hätte gern Gewissheit, kann mich aber auch mit Ungewissheit ganz gut arrangieren**

Das absolute *Gewissheitsverlangen* (Abschn. 2.3) ist für die geringe Ungewissheitstoleranz zentral und keine ihrer Formen kommt ohne es aus (Abschn. 5.1). Es herrscht eben nicht nur ein harmloser, wenn auch dringender *Gewissheitswunsch*, sondern 100 %ige Klarheit *muss* unbedingt her.

Im normalen Alltag ist ein solcher fordernder Umgang mit sich selbst gar nichts Ungewöhnliches: *Das darf doch wohl nicht wahr sein!* Wer hat das noch nie ausgerufen? Dabei wissen wir es eigentlich selbst oft besser. Nicht alles lässt sich erzwingen oder herbeiwünschen, und oft lohnt sich die Mühe auch gar nicht – besser man hält das eigene *Gewissheitsstreben* mit lockerer Hand.

Es geht nun also darum, dies eigene Gewissheitsstreben so zu lockern, dass man sich wenn nötig auch *mit dem Ungewissen arrangieren* kann. Vielleicht ist Gewissheit immer noch wünschenswert, aber auch in einem Leben mit Ungewissheiten lässt es sich einrichten. Folgen Sie dazu den angegebenen Schritten.

8.1.1 Schritt 1: Sich das eigene Gewissheitsverlangen bewusst machen

Was sind Ihre *Orte des Ungewissen?* Blättern Sie, um sich zu vergewissern, kurz noch einmal an den Anfang zurück (Abschn. 1.2.3). Welche konkreten Sicherheiten und Klarheiten wünscht sich Ihr *eigener innerer Gewissheitsstreber* in diesen Situationen nicht nur, sondern zwingt sie Ihnen regelrecht auf? Bringen Sie sie in die Form konkreter *Forderungen:* Ich *sollte* immer genau wissen, wie es beruflich weitergeht! Ich *sollte* im Urlaub immer alles vorher geklärt haben! Ich muss immer genau wissen, wann die Familienmitglieder von der Schule oder der Arbeit kommen! Wenn ich nicht genau weiß, wie sich die Krankheit im nächsten Jahr entwickelt, dann kann ich das Leben einfach nicht mehr genießen!

8.1.2 Schritt 2: Die Forderungen nach Gewissheit kritisch prüfen

Sicherlich, das drängende *Gewissheitsverlangen* will sie unbedingt haben, diese Klarheit ... aber ist sie überhaupt an Ihren *Orten des Ungewissen* möglich? Wer kann schon genau wissen, wie eine Erkrankung genau verläuft? Und ist es eigentlich üblich, so viel Gewissheit haben zu wollen? Es ist Zeit für ein paar kritische Fragen.

1. Ist Gewissheit überhaupt erreichbar?
Manche absoluten Gewissheiten sind einfach nicht zu erlangen: Wird das Flugzeug heil am Urlaubsort ankommen? Und hat dann die Buchung der Ferienwohnung wirklich geklappt? Und wie steht es dort mit dem Wetter in den zwei Wochen? Ganz egal, wie man sich abstrampelt – 100 %ige Gewissheit erlangt man hier nie. Besser, man lässt also das eigene anstrengende *Vergewisserungsverhalten* ... und akzeptiert einen Rest von Ungewissheit, auch wenn es einem nicht ganz recht ist. Versuchen Sie einen Augenblick länger über diesen Aspekt nachzudenken.

> 1. Wie sieht es mit den Stellen Ihres eigenen *Gewissheitsverlangens* aus? Ist hier Gewissheit überhaupt erreichbar?
> 2. Welche ungewissen Situationen fallen Ihnen noch ein, für die einfach keine 100 %ige Gewissheit zu erlangen ist?

Wenn Sie sich noch nicht ganz im Klaren darüber sind, wie unvermeidlich Ungewissheit im Alltag eigentlich wirklich ist, dann lohnen sich kleine Experimente: *Experimente* sind eines der anschaulichsten Mittel, um sich eine Sache bewusster zu machen. Mit ihrer Nähe zu direkten, lebendigen Erfahrungen überzeugen sie oft mehr als das bloße Nachdenken.

Die Unvermeidbarkeit des Ungewissen erfahrbar machen – Experimente

1. *Die Ungewissheiten des Alltags entdecken:* Suchen Sie im Alltag nach Dingen, bei denen Gewissheit einfach nicht garantiert werden kann. Dabei kann es sich um Definitionen handeln, die oft ausgesprochen mehrdeutig sind (Was ist männlich? Was ist Kunst? Was ist Liebe?), aber auch um zukünftige Ereignisse (Wie gesund werde ich im nächsten Jahr bleiben? Wie wird das Fußballspiel am Wochenende ausgehen?).
2. *Achtsam innere Ungewissheiten wahrnehmen:* Die Unvermeidlichkeit des Ungewissen bezieht sich nicht nur auf das Eintreten äußerer Ereignisse. Auch innere Regungen kommen oft genug unverhofft. Wir Menschen sind sozusagen durchwirkt mit Ungewissheiten, die sich ebenso wenig komplett beseitigen lassen wie äußere Ungewissheiten (Abschn. 1.2.2): Wird mir z. B. mein Gedächtnis bei der Prüfung einen Streich spielen? Richten Sie in der Übung die Aufmerksamkeit für eine Weile nach innen, auf den Fluss ihrer Gedanken, Gefühle oder Impulse. Schon dieses Erleben, wie ständig aus dem Nichts neue Facetten des eigenen Erlebens auftauchen, die ebenso schnell wieder verschwinden können, sind eine Erfahrung darüber, dass Ungewissheit – denn sie tauchen ja oft ohne jede Vorwarnung oder Absicht auf – unvermeidlich ist, und auch an vielen Stellen ohne große Umstände hingenommen werden kann (Rapgay et al. 2011).

2. Ist es ‚normal', nach absoluter Gewissheit zu streben?

An der physikalischen Realität ist die *Grundannahme, unbedingt Gewissheit haben zu müssen,* schon nun für viele Beispiele gescheitert – oft ist 100 %ge Gewissheit gar nicht erreichbar. Aber ist es wenigstens üblich, nach ihr zu streben? Wie halten es eigentlich die meisten anderen Leute mit Gewissheit und Ungewissheit? Zu sehen, dass andere es vielleicht nicht so genau nehmen, dadurch aber sogar besser zurechtkommen, kann ebenfalls helfen, vom eigenen *Gewissheitsverlangen* mehr Abstand zu nehmen.

Oft haben andere Menschen zum Beispiel ein besseres Gefühl dafür, wo es zwar noch mehr Gewissheit über eine Sache zu gewinnen gibt, es sich aber einfach nicht lohnt, sich die Mühe darum zu machen – etwa wenn man auf einer Wanderung an eine Weggabelung kommt, man aber über beide Wege nichts weiß: Es lohnt sich einfach nicht, wieder umzukehren, eine Karte der Gegend zu bestellen und so lange zu warten bis sie geliefert wird.

Hier ist es sinnvoller, die Ungewissheit nicht mehr weiter zu reduzieren, einen Weg auszuwählen und die Wanderung fortzusetzen.

Umfragen sind ein sinnvolles Instrument, um zu erfahren, wie andere Menschen mit Ungewissheit umgehen. Vergleichen Sie dabei ihre Erwartung mit dem realen Ergebnis: Oft ist man im Nachhinein überrascht, wie viele der Befragten nicht ganz sicher sind, sich aber über die verbliebene Ungewissheit gar keine Gedanken machen. So als handelten sie nach eine ganz anderen Überzeugung – dass es völlig normal ist, nicht absolut gewiss über alles sein. Man lebt eben mit der Ungewissheit und kommt trotzdem gut zurecht.

Das Normale des Ungewissen – eine Umfrage

Fragen Sie eine Reihe von Personen aus ihrem Bekannten-, Kollegen- oder Familienkreis, wie viele von ihnen wirklich sicher sind, z. B. die Haustür abgeschlossen zu haben, wenn sie die Wohnung verlassen. Was würden die Personen tun, wenn sie mit Ihren *Orten des Ungewissen* konfrontiert wären? Und welche Mühe würde sie sich dafür machen, absolute Klarheit zu gewinnen. Schätzen Sie vorher im Stillen ein, was sie als Antworten erwarten.

---

3. Bringt es mehr Vor- oder Nachteile, nach absoluter Gewissheit zu streben?

An den Vor- und Nachteilen entscheidet sich letztlich, ob das Streben nach absoluter Gewissheit *sinnvoll* ist oder nicht. Manche Nachteile liegen dabei auf der Hand – das anstrengende *Vergewisserungsverhalten* (Abschn. 6.2), die *Unruhe* in ungewissen Situationen (Abschn. 6.1) oder der ganze *Stress* (Abschn. 6.5.1). Aber wie steht es bei Ihnen zum Beispiel mit den „Missed Opportunities" (Martin 2019, S. 22)? Personen mit geringer Ungewissheitstoleranz reiben sich oft derart auf, Gewissheit zu erlangen und Ungewissheit zu vermeiden, dass sie zu anderen schönen oder wichtigen Dingen gar nicht mehr kommen. Es entsteht schließlich schnell eine Monokultur des Lebens, die sich nur noch um Gewissheit dreht. Man leidet unter offenen Wünschen: Endlich mal wieder ein Urlaub in den Bergen, endlich mehr Zeit für die Partnerschaft. Manche verlieren sogar *wichtige Lebensziele* aus den Augen (Abschn. 6.5.2), weil nur noch die Gewissheit zählt.

Denken Sie nur an Frau Sichersky., die sich solche Sorgen um die Sicherheit ihres Sohns macht (Abschn. 6.2). Sie verbringt den ganzen Tag in Unruhe, hält sich immer in der Nähe von Telefon und Auto auf, falls etwas sein sollte und hört den ganzen Tag die Unfallnachrichten im Lokalradio. Nachmittags fragt sie häufig ihren Ehemann, warum der Sohn noch nicht von seiner Arbeit zurück ist, der dafür nur noch sehr begrenzt Geduld aufbringen kann. Die Vor- und Nachteile, die ihr das große Gewissheitsverlangen einbringt, lassen sich überblickshaft sehr gut in einem Diagramm zusammenstellen (Tab. 8.2).

Suchen Sie nun nach den Vor- und Nachteilen Ihres eigenen Gewissheitsverlangens und orientieren sich an den folgenden Fragen:

- Was sind die Folgen, immer „Ich muss Gewissheit haben" zu sich zu sagen? Wie fühlen sie sich da? Wie wirkt sich das auf ihr Verhalten aus? Wie sieht es mit dem Sich-Sorgen aus?
- Wie wirkt sich das Gewissheitsverlangen auf ihre Gesundheit aus? Führt es zu Stress? Ist es sehr anstrengend? Bringt es Sie um den Schlaf? Wirkt es sich manchmal körperlich aus?
- Wie wirkt sich das Gewissheitsverlangen auf ihr Leistungsvermögen aus? Verschleppen Sie Aufgaben durch das Vergewisserungsverhalten? Schieben Sie Dinge auf oder können sie nur verlangsamt erledigen? Fällt es ihnen schwer, Aufgaben abzugeben, weil Sie dann nicht wissen, wie andere Leute sie erledigen?
- Wie wirkt sich das Gewissheitsverlangen auf andere wichtige Ziele aus? Verpassen Sie Dinge, die Ihnen gefallen, weil sie mit Ungewissheit verbunden sind? Gehen sie so sehr auf ‚Nummer sicher', dass sie andere wichtige Dinge lieber lassen, wenn sie ungewiss sind? Oder hält sie das

Tab. 8.2 Vor- und Nachteile des Gewissheitsverlangens

Vorteile des Gewissheitsverlangens	Nachteile des Gewissheitsverlangens
Immer auf einen Unfall vorbereitet sein und so nicht überrascht werden können (durch die Unwahrscheinlichkeit des Ereignisses kein großer Gewinn)	Sehr viel anstrengendes Vergewisserungsverhalten über den Tag
Wirklich etwas mehr Gewissheit erlangen, weil sie den Sohn gelegentlich über den Tag anruft (allerdings geht er auch oft nicht ans Handy und dann wird ihre Unruhe und Sorge noch größer)	Viel vergewisserndes Nachfragen bei anderen – andere werden daher ärgerlich auf sie
	Die eigene Zeit nicht mehr genießen können
	Hilflosigkeitsgefühle, wenn sie trotz aller Bemühungen die Ungewissheit nicht komplett beseitigen kann. Sich einfach nicht ‚normal' fühlen

anstrengende Verschaffen von Gewissheit einfach von anderem ab, weil dafür keine Zeit oder keine Kraft mehr bleibt?

- Wie wirkt sich das Gewissheitsverlangen auf ihre Freiheit aus? Können Sie eigentlich noch tun, was sie *wirklich* wollen?
- Wie wirkt sich das Gewissheitsverlangen auf den Genuss des Hier-und-Jetzt aus? Verpassen sie die Gegenwart, weil Sie so sehr damit beschäftigt sind, für die Zukunft so viel Gewissheit wie möglich zu schaffen?
- Wie wirkt sich das Gewissheitsverlangen auf Ihre zwischenmenschlichen Beziehungen aus? Wie reagiert Partner oder Partnerin auf ihr Gewissheitsstreben? Wie die Arbeitskollegen oder die Freunde?
- Und wie sieht es auf der Vorteilsseite aus? Gewinnen Sie etwas durch das Gewissheitsverlangen?

Wie fällt Ihre Bilanz der Vor- und Nachteile aus? Steht es einigermaßen schlecht um den Nutzen Ihres Gewissheitsverlangens? Wenn Sie sich noch nicht ganz im Klaren darüber sind, in welcher Beziehung zu Leistung, Gesundheit, Freiheit oder Erschöpfung ihr eigenes *Gewissheitsverlangen* steht, dann lohnt sich auch hier ein Experiment, um sich noch größere Klarheit zu verschaffen.

Die Vor- und Nachteile des absoluten Gewissheitsverlangens sichtbar machen – Experimente

1. *Sich eine alternative Wirklichkeit vorstellen:* Bitte schreiben Sie als Hausaufgabe einmal ausführlich auf, wie Ihr Leben anders ausfallen würde, wenn sie Ungewissheit viel besser aushalten könnten. Gehen sie in aller Ruhe alle Lebensbereiche durch: Was wäre anders? Und auf welche Weise? Wie sähe Ihre Arbeit aus? Hätten Sie ganz andere Interessen in der Freizeit?
2. *Übertreibungsübung mit der Gewissheit:* In ihr nehmen Sie sich vor, an einem Wochentag sich über wirklich alles, aber auch absolut alles, Gewissheit zu verschaffen (nicht nur die üblichen spezifischen Bereiche) – sammeln Sie abends die Auswirkungen. Wie geht es Ihnen? Wie wäre es, ein Jahr lang auf diese Weise zu leben?
3. *Mein ungewisser Tag:* Es ist eine Ergänzungsübung zur vorigen. Versuchen Sie, bei allen Handlung und Entscheidung mit nur 50 % der üblichen Gewissheit auszukommen. Wie geht es Ihnen danach? Wie wäre es, ein Jahr lang auf diese andere Weise zu leben? Vergleichen Sie beiden experimentellen Tage: Womit fühlen Sie sich besser? Womit haben Sie die bessere Arbeit gemacht? Wie zeitaufwendig war die gleiche Aufgabe unter den flexiblen Bedingungen noch? Und wie anstrengend war sie?
4. *Beobachtungexperiment ‚Wozu ich heute wieder nicht gekommen bin‘:* Rekapitulieren Sie dazu eine Zeit lang jeden Abend, was Sie an dem Tag aus anderen Lebensbereiche eigentlich gern getan hätten (Ausruhen, mit dem Kind spielen, einen Film sehen, mit Freunden telefonieren, abends eine

halbe Flasche Wein trinken, Musikhören und den leichten Rausch genießen), aber was durch das zeit- und kraftraubenden Gewissheitsverlangen ausgefallen ist. Wie viel kommt dabei eigentlich zusammen?

4. Ist es in jedem Fall erstrebenswert Gewissheit zu erlangen?

Ein absolutes *Gewissheitsverlangen* suggeriert sehr schnell, dass eigentlich nur eins erstrebenswert ist – nämlich Gewissheit. Aber vielleicht ist das ja gar nicht so. Um dies zu überprüfen lohnen sich drei weitere Experimente.

Nach Ausnahmen vom System ‚Nummer sicher' suchen – Experimente

1. *Ausnahmen im Gewissheitsverlangen finden:* Auch bei Personen mit einer *geringen Ungewissheitstoleranz* erstrecken sich die Bereiche eines extremen Gewissheitsverlangens selten über alle Lebensbereiche. Blättern Sie einmal alle möglichen Bereiche Ihres Lebens durch und schauen Sie nach den Ausnahmen, in denen Sie eigentlich ganz selbstverständlich mit dem Ungewissen koexistieren – und damit ganz gut zurechtkommen. Wo macht ihnen Ungewissheit herzlich wenig aus? Gibt es in manchen Lebensbereichen Ungewissheiten, mit denen Sie ganz gut leben können? Wie stellen Sie das dort eigentlich an?
2. *Eine Liste der schönen Ungewissheiten erstellen:* Glaubt man der psychologischen Forschung, dann können auch Personen mit einer geringen Ungewissheitstoleranz positive Ungewissheiten genießen (Abschn. 2.4). Auch sie kennen natürlich Situationen, in denen es für sie selbst gar nicht wünschenswert ist, vorab Gewissheit zu haben. Einen Film, von dem sie jede Szene schon vorher kennen, sieht sich niemand mehr gebannt an. Machen Sie sich eine Liste von mindestens fünf Sachen, bei denen es schade wäre, schon vorab Gewissheit zu haben (z. B. Geburtstagsgeschenk, ein Fußballspiel). Wo genießen Sie das Ungewisse?
3. *Wichtige und unwichtige Gewissheiten unterscheiden:* Zeichnen Sie einen langen Strich auf einem Blatt Papier und tragen Sie an den Endpunkten ‚Gewissheit ist extrem wichtig' und ‚Gewissheit ist nicht so wichtig' ein. Nun überlegen Sie Aspekte, bei denen es wichtig ist, sich sehr sicher zu sein (der eigene Name und die Adresse, der eigene Verdienst, der Name des Partners). Dann wieder Sachen, bei denen Gewissheit nicht so wichtig ist (Geburtstag eines Kollegen, ein Buchtitel, der Name eines Filmschauspielers) –und tragen Sie diese auf dem Strich ein. Man kann diese Aufgabe auch als Umfrage durchführen: Bei welchen Dingen ist eigentlich anderen Menschen Gewissheit sehr, bei welchen weniger wichtig?

8.1.3 Schritt 3: Ein flexibles Gewissheitsstreben entwickeln

Möglicherweise ist Ihnen ein derart absolutes Gewissheitsstreben nun doch etwas fragwürdiger geworden. Die Nachteile sind wirklich zu offensichtlich.

Und in manchen anderen Lebensbereichen haben Sie sich doch schon heimlich mit dem Ungewissen viel besser arrangiert. Aber welcher Gedanke soll die Überzeugung „Ich muss unbedingt Gewissheit haben" in Zukunft ersetzen?

Hier sind zwei Vorschläge, wie im Gegensatz dazu ein *flexibles Gewissheitsstreben* klingen könnte – eines, das zwar immer noch einen Gewissheitswunsch beinhaltet, aber doch in Ausnahmen auch anders kann.

Die zwei Varianten flexiblen Gewissheitsstrebens

1. *Haltung von Prinzip und Ausnahme:* „Prinzipiell ist es ja gut, so viel Gewissheit wie möglich zu erlangen und ich will mich weiterhin bemühen, Gewissheit zu schaffen, wo es sich lohnt. Aber hier lohnt es sich einfach nicht [oder ist gar nicht möglich] *(Prinzip und Ausnahme)*. Mit der Ungewissheit kann ich mich ausnahmsweise aber auch durchaus arrangieren, wenn es nicht anders geht *(Akzeptanz)*"
2. *Haltung von Präferenz statt Forderung:* „Na klar, *will ich wirklich dringend* in dieser Sache Gewissheit haben *(flexible Präferenz)* – und ich werde sicher Einiges dafür tun. Aber sicher nicht übertrieben viel. Ich muss Gewissheit letztlich nicht unbedingt erreichen, ich kann mich auch mit der Ungewissheit einigermaßen arrangieren *(Akzeptanz)*."

Das Streben nach Gewissheit wird in beiden Überzeugungen nicht geleugnet – aber es fungiert nun mehr als Leitlinie, nicht mehr als absoluter Anspruch, der unbedingt erfüllt werden *muss*. Entweder sind Ausnahmen erlaubt oder man *will* zwar noch sehr (flexible Präferenz), *muss aber nicht* unbedingt. Abweichungen sind dadurch durchaus tolerierbar ohne ein großes Drama.

8.1.4 Schritt 4: Das neu gewonnene flexible Gewissheitsstreben vertiefen

Schön und gut – das mag erst einmal ganz überzeugend klingen. Ein so umfassender Einstellungswechsel vom *starren Gewissheitsverlangen* hin zu einer weicheren, freundlichen Haltung *flexiblen Gewissheitsstrebens* braucht aber eine ganze Menge Übung. Schließlich muss eine neue Position nicht nur vom Kopf her überzeugend sein, sondern so verinnerlicht werden, dass sie sich auf die eigenen Handlungen und das eigene Erleben auch nennenswert auswirkt.

Besonders geeignet sind dazu Übungen, bei denen diese neue Überzeugung in einer ungewissen Situation aktiviert wird. Solche *Vertiefungsübungen* dienen dazu, eine neue Einstellung in den Bestand der eigenen Überzeugungen sozusagen praktizierend willkommen zu heißen.

Vertiefungsübungen für ein flexibles Gewissheitsstreben – Experimente

1. *Schritte ins Ungewisse mit einer neuen Einstellung unternehmen:* Suchen Sie in nächster Zeit einige der folgenden ungewissen Situationen auf und versetzen Sie sich dabei immer wieder in die Überzeugung *flexiblen Gewissheitsstrebens* –Gewissheit wäre schön, muss aber nicht. Natürlich sind auch ungewisse Situationen, die Ihnen selbst einfallen, herzlich willkommen! Werten Sie Ihre Erfahrungen anschließend aus – konnten Sie die neue Einstellung schon ansatzweise einnehmen? Wie war die Erfahrung des Ungewissen durch diese Brille?
   a) In einen Film gehen, über den Sie nichts wissen
   b) In einem unbekannten Geschäft einkaufen
   c) In einem Restaurant etwas von der Karte bestellen, dass Sie noch nicht probiert haben
   d) Wenn Sie eine Flasche Wein für eine Party mitbringen sollen – dann diese kaufen, ohne groß nach einen Rat zu fragen
   e) Eine E-Mail abschicken, ohne sie auf Fehler zu korrigieren
   f) Zum Supermarkt gehen ohne Einkaufsliste
   g) Mit Freunden ausgehen und diese alleine Pläne dafür machen lassen
   h) Die Kinder nicht auf dem Smartphone anrufen, wenn sie bei Freunden sind
   i) Wichtige Aufgaben an andere delegieren, ohne diese beständig deswegen zu kontrollieren
2. *Die neue Einstellung bei innerer Ungewissheit aktivieren – Achtsamkeit:* Achtsamkeitsübungen können ebenfalls einen anderen Umgang mit Ungewissheit vertiefen helfen. Atmen Sie durch, schließen die Augen und hören in sich hinein. Erleben Sie, wie dabei nach einer Weile das eigene Gewissheitsverlangen plötzlich aufsteigt … wie sich daraus schnell Sorgen entwickeln, wie Sie beginnen, sich unwohl zu fühlen. Aber nun aktivieren Sie die neue Einstellung (Gewissheit wäre schön, muss aber nicht) und beobachten einfach weiter diese Eindrücke aufmerksam und neutral für eine Weile. Das Gewissheitsverlangen klingt einfach ab, Sie werden sich bewusster, wie sehr das Gewissheitsverlangen unnötig ist … wie Ungewissheit doch ein Teil des normalen Lebens ist … wie sie ihr Gewissheitsverlangen auch einfach loslassen und die Ungewissheit annehmen können. Wie das Gewissheitsverlangen dann vielleicht wie Wolken davonzieht, wenn der Griff so gelockert wird.
3. *Flexibilitätsübungen:* Ein extremes Gewissheitsverlangen drängt darauf, alles nach Gewohnheit und Routine zu erledigen – das schafft Sicherheit. Erledigen Sie nun alltägliche Dinge absichtlich außerhalb der Gewohnheiten: Die Zahnbürste nicht mit der üblichen Hand halten, ein anderes

Frühstück essen, eine andere Zeitung lesen als üblich. Aktivieren Sie dabei wieder die neue Einstellung (die Gewissheit der Routinen wäre schön, muss aber nicht).

4. *Aufschiebeübung, um die neue Einstellung zu testen:* Schieben Sie eine Sache, die sich eigentlich leicht und schnell klären ließe, noch einen Tag länger auf: etwa nicht nachfragen, ob ein Kollege eine delegierte Aufgabe wirklich erledigt hat, eine Rechnung zahlen, eine Eintrittskarte kaufen. Nun aktivieren Sie die neue Einstellung und fragen sich dann, ob Sie so mit dem ungewissen Gefühl des Unerledigten ganz gut leben konnten oder ob es Sie total überwältigt hat.

8.2 Ist Ungewissheit wirklich so gefährlich und belastend?

Ungewissheit ist gefährlich	Ungewissheit ist nicht unbedingt gleich gefährlich, sondern oft neutral, manchmal sogar positiv
Ungewissheit ist belastend	Ungewissheit muss nicht an sich belastend sein, sie wird es oft erst durch anstrengendes Vergewisserungsverhalten

Warum ist das *Gewissheitsverlangen* eigentlich bei geringer Ungewissheitstoleranz derart absolut? Die meisten Betroffenen werden darauf antworten: Weil das Ungewisse gefährlich ist. Und wenn nicht gefährlich, dann zumindest sehr belastend. Es ist einfach bedrohlich und *muss* daher unbedingt gezähmt oder vermieden werden. Wer würde schon etwas offensichtlich Bedrohliches und Negatives zulassen? Die beiden nun anzugehenden Überzeugungen bezüglich des Ungewissen sind also quasi die zentralen *Gründe für das absolute Gewissheitsverlangen.* Schafft man es, ihnen ihre Überzeugungskraft zu nehmen, dann verliert auch das *Gewissheitsverlangen* seine Grundlage – wozu auch eine Ungewissheit beseitigen, die eigentlich harmlos ist?

Das Bedrohliche, das sich im *Möglichkeitshorizont geringer Ungewissheitstoleranz* zeigt, kann dabei sehr weit streuen, wie die Beispiele zeigen – von einem lebensbedrohlichen Unfall des Sohns bis zum Zuspätkommen bei einem Arzttermin oder einem verdorbenen Abend im Restaurant. Beim Besuch eines unbekannten Restaurants ist vielleicht die Befürchtung, das Essen nicht genießen zu können, einen miesen Abend zu haben, mit dieser plötzlich negativen Erfahrung einfach nicht fertig zu werden – und völlig zerschlagen nach Hause zu kommen. Aber kommt es wirklich oft so dramatisch? Häufig wird das Essen wohl genießbar sein. Und war es das nicht, dann hat man es vielleicht ganz gut bewältigt: Nur eine Kleinigkeit schnell gegessen und später noch im eigenen Lieblingsrestaurant gemütlich weitergegessen.

Bei einer *geringen Ungewissheitstoleranz* reicht es nun oft nicht aus, sich selbst nachzuweisen, wie *unwahrscheinlich* ein gefährlicher oder negativer Ausgang einer ungewissen Situation ist. Immerhin 50 % einer Gruppe von Befragten gab in einer Studie an, dass allein eine geringe Wahrscheinlichkeit eines negativen Ausgangs ihre bedrohliche Haltung gegenüber Ungewissheit nicht ändern würde (Abschn. 7.4). Und 80 % der Personen mit geringer Ungewissheitstoleranz gaben zudem an, dass sie grundsätzlich schon annehmen, ungewisse Situationen gehen schlecht aus – gegen 0 % in der Vergleichsstichprobe (Fracalanza 2015). Sie nehmen also nicht nur schnell einen schlechten Ausgang an, sondern ein großer Teil lässt sich auch durch die Unwahrscheinlichkeit eines solchen Endes nicht beruhigen.

Bei einer *Intoleranz gegenüber Ungewissheit* reicht das Stück Gewissheit, das Wahrscheinlichkeiten vermitteln, eben nicht aus –erleichtert sind die betroffenen Personen nur, wenn wirklich ‚alles klar‘ ist. Hier geht es also nicht um die *Wahrscheinlichkeit*, sondern um die schiere *Möglichkeit* des schlimmen Ausgangs. Solange nur eine oder mehrere solche negativen Ausgänge in einer ungewissen Situation möglich sind, fixieren sich die Betroffenen stark auf diese schlechten Ausgänge: Sie ziehen ihre Aufmerksamkeit fast magisch an, als ginge es nur noch um deren Eintreten oder Verhinderung. Alle anderen Möglichkeiten sind vergessen.

Besonders unangenehm ist nun aber was andere psychologische Studien zeigen: Je mehr man sich mit einem spezifischen Ausgang einer Situation beschäftigt, besonders wenn man ihn sich immer wieder auch noch sehr lebhaft vorstellt, desto mehr nimmt man an, dass dies Ereignis auch eintritt (Ortony et al. 1988). Je mehr sich Frau Sichersky also mit einem möglichen Unfall ihres Sohns beschäftigt, desto wahrscheinlicher kommt er ihr vor … ein Teufelskreis.

Bei einer ausbalancierten Ungewissheitstoleranz hingegen reihen sich die negativen Ausgänge schlicht in die Liste aller Möglichkeiten ein und finden nicht mehr Beachtung als diese. Und so ist auch ein Ziel der nun folgenden Übungen, wieder mehr mögliche Ausgänge ungewisser Situationen sehen zu lernen: Es kann eben so kommen oder auch so.

8.2.1 Schritt 1: Sich die vorgestellten Gefahren und Belastungen noch einmal bewusst machen

Blättern Sie noch einmal kurz zurück zu ihren *Orten des Ungewissen* (Abschn. 1.2.3): Welche Gefahren, aber vielleicht auch bloß Belastungen, Frustrationen schlagen Sie selbst in Ihren eigenen ungewissen Situationen in den Bann? Was befürchten Sie, wenn die Ungewissheiten bestehen bleiben? Und welche Belastungen sehen Sie voraus? Manchmal lohnt es sich, die einzelnen Befürchtungen der Übersicht halber in die Form konkreter Wenn-Dann-Sätze zu bringen: Wenn ich in die ungewisse Situation X gerate, dann geschieht bestimmt Y!

8.2.2 Schritt 2: Andere Ausgänge als die schlechten in Betracht ziehen

Personen mit geringer Ungewissheitstoleranz sind *wie hypnotisiert* von einem möglichen negativen Ausgang und sehen nur noch diesen. Allein schon die Möglichkeit einer Gefahr, egal wie unwahrscheinlich, wird bei *geringer Ungewissheitstoleranz* daher nur schwer toleriert und dominiert schnell den kompletten Möglichkeitshorizont. Die Betroffenen denken nur noch an diese eine Alternative.

In der folgenden Übung geht es also darum, diese Selbsthypnose zu brechen und den auf das Schlechte eingeengten Möglichkeitshorizont wieder zu öffnen. Üben Sie sich darin, anderen ebenfalls möglichen Ausgängen die gleiche Aufmerksamkeit zu widmen.

Szenarienübung – die wichtigsten Ausgangsmöglichkeiten einer ungewissen Situation vergegenwärtigen

All-Case-Szenario: Sie kennen diese Übung schon (Abschn. 7.2), aber hier dient sie einem anderen Zweck. Der Titel der Übung ist natürlich eine Übertreibung. Es geht nicht um wirklich *alle* Möglichkeiten, sondern um eine kleine Auswahl. Szenario-Übungen dienen dazu, nicht nur immer an eine mögliche Katastrophe zu denken. Sie macht also keine wahrscheinlichen Vorhersagen, sondern entwirft nur mögliche Zukünfte.

Entwickeln Sie nun für Ihre eigenen ungewissen Situation mehrere Szenarien, zumindest drei: Eins mit einem sehr *guten Ausgang,* eins mit einem *typischen Ausgang* und eins mit einem *ungünstigen Ausgang.* Aber das letzte kennen Sie ja schon ... und denken viel zu oft daran. Um noch einmal zum Beispiel von Frau Sichersky zurückzukommen: Natürlich kann ihr Sohn wirklich einen Unfall haben und blutend und verletzt im Straßengraben liegen. Der typische Ausgang ist aber der, dass er seit Jahren täglich ohne Unfall von der Arbeit kommt. Ein besonders guter Ausgang wäre, dass er nicht nur ohne Unfall, sondern sogar mit einer Gehaltserhöhung von der Arbeit kommt.

Wie sehen bei Ihnen nun diese drei Ausgangsszenarien aus? Entwickeln Sie diese und gehen sie täglich mehrmals durch – nie mehr nur der bedrohliche Ausgang, ohne die beiden anderen zu ergänzen.

8.2.3 Schritt 3: Wie belastend ist die Ungewissheit wirklich?

Für Frau Sichersky ist die Ungewissheit um ihren Sohn und den möglichen Unfall wirklich eine Belastung und eine große lebenseinschränkende Anstrengung. Aber andererseits: Viele Eltern sind jeden Tag der gleichen Ungewissheit ausgesetzt und ertragen sie mit Leichtigkeit. Denn häufig ist es erst die *Intoleranz gegenüber der Ungewissheit*, die aus einer ungewissen Situation eine Belastung macht. Die *Ungewissheit* selbst ist gar nicht die eigentliche Quelle der Belastung – sondern das *Kontrollverhalten* und *Sorgenmachen*. Denken Sie einmal länger über diesen Aspekt anhand von ein paar Fragen nach.

1. Ist das Ungewisse selbst in ihren eigenen Situationen eigentlich die große Belastung? Oder macht erst ihre Intoleranz ihr gegenüber daraus ein Problem?
2. Sind also das Aushalten der Angst, das Sorgenmachen und das Vergewisserungsverhalten das eigentlich Anstrengende?
3. Gibt es Ungewissheiten, die für sie gar nicht negativ und belastend sind? Stellen Sie sich vor, Sie finden in einer Hose, die sie nach Wochen wieder einmal anziehen, einen 20-€-Schein. Ist das nicht eher ein schöner Zufall? Suchen Sie nach solchen positiven Ungewissheiten in Ihrem Alltag.
4. Gibt es andere Menschen in der gleichen oder ähnlichen ungewissen Situation, die diese eigentlich ganz problemlos bewältigen und aushalten? Wie stellen diese das an?

Wenn Sie sich noch nicht ganz im Klaren darüber sind, wie wenig anstrengend das Ungewisse, Unklare und Unbestimmte manchmal ist, dann lohnen sich wieder kleine Experimente.

Die Belastung durch das Ungewisse konkret einschätzen – Übungen

1. *Aufschiebeübung:* Nutzen sie erneut die Aufschiebeübung (Abschn. 8.1.4) und dehnen Sie eine Sache, die sich eigentlich leicht und schnell klären ließe, noch einen Tag länger – eine Rechnung zahlen, eine Eintrittskarte kaufen. Im Englischen spricht man hier auch manchmal von „'sitting' with feelings of uncertainty" (Robichaud et al. 2019, S. 88): Man sitzt das Ungewisse einfach noch ein bisschen länger aus, anstatt es gleich aus der Welt zu schaffen. Werten Sie Ihre Erfahrungen danach aus: Wie belastend war das? Und lag das Anstrengende eher an der Ungewissheit oder Ihrem Umgang damit?
2. *Der Würfel-Spaziergang:* Unternehmen Sie einen Spaziergang, bei dem Sie mit Hilfe eines Würfels entscheiden, welchen Weg sie an jeder Abzweigung einschlagen. Teilt sich ein Weg, dann können Sie nach gerade oder ungerade entscheiden; an einer Kreuzung mit drei verbleibenden Wegen nach 1/2, 3/4, 5/6. Sie entwickeln hier schon eigene Prinzipien. Werten Sie die Erfahrungen nachher wieder aus: Wie belastend war es, sich dieser Ungewissheit für eine halbe Stunde auszusetzen?

8.2.4 Schritt 4: Eine ausgewogene Einschätzung von Gefahr und Belastung entwickeln

Möglicherweise erscheinen Ihnen nun die eigenen ungewissen Situationen nicht mehr ganz so bedrohlich. Sie sehen nun auch die anderen möglichen Ausgänge und geben ihnen ein ähnliches Gewicht. Außerdem haben sie die Belastung ungewisser Situationen deutlich heruntergestuft. Die konkrete Belastung ist eigentlich gar nicht so groß. Welche Überzeugungen sollen nun an die Stelle von „Ungewissheit ist gefährlich" und „Ungewissheit ist belastend" treten? Auf welche alternativen Überzeugungen sollte man sich in diesem Bereich stützen? Hier sind zwei Vorschläge, wie im Gegensatz dazu eine realistische Einschätzung klingen könnte.

Eine ausgewogene Bewertung der Gefährlichkeit und Belastung ungewisser Situationen

1. *Ungewissen Situationen* gehen nicht notwendig *gefährlich* aus. Es finden sich immer auch gute und neutrale Ausgänge – und selbst die schlechten Ausgänge sind oft gar nicht so gravierend schlimm, dass man sie unbedingt verhindern müsste.
2. *Ungewisse Situationen* sind nicht zwangsläufig belastend. Oft ist es mehr die *geringe Ungewissheitstoleranz* als die Ungewissheit selbst, die es schwieriger macht als nötig.

Der Vorteil der beiden Grundeinstellungen fällt gleich auf: Je weniger ungewisse Situationen als gefährlich oder belastend eingeschätzt werden, desto weniger Nahrung bekommt auch das *absolute Gewissheitsverlangen*. Es fällt leichter, sich mit Ungewissheiten zu arrangieren.

8.2.5 Schritt 5: Die neu gewonnene Haltung vertiefen

Auch hier braucht ein so umfassender Einstellungswechsel von Gefahr und Belastung zu relativer Harmlosigkeit und Erträglichkeit eine ganze Menge Übung. Dafür sind *Vertiefungsübungen* wieder eine wichtige Hilfe.

Vertiefungsübungen für eine realistische Perspektive auf die Gefahren von Ungewissheit – Experimente

1. *Aufschiebeübung:* Kommen Sie noch einmal auf die Aufschiebeübungen von weiter oben zurück. Schieben Sie eine Sache, die sich eigentlich leicht und schnell klären ließ, noch einen Tag länger auf. Aktivieren Sie bei diesen Übungen nun die neuen Überzeugungen – und werten Sie wieder die Erfahrungen aus: Wie gut lässt es sich mit diesen Überzeugungen leben? Kommen Sie mit ihnen besser durch eine ungewisse Situation?
2. *Diskussion mit dem inneren Angstmacher:* Nutzen Sie hier eine Grundvorstellung aus der aktuellen Psychologie – wir alle sind Personen mit verschiedenen Persönlichkeitsanteilen, die alle mit eigener Stimme sprechen. Eine Stimme, die beständig an das Gefährliche und Belastende einer Situation erinnert, kann mit Recht als *innerer Angstmacher* bezeichnet werden. Stellen Sie zwei Stühle zu einer gemütlichen Diskussionsrunde zusammen und übernehmen sie beide Rollen: Setzen Sie den inneren Angstmacher, die Stimme der Gefährlichkeits- und Belastungsüberzeugungen, auf den einen, sich selbst auf den anderen Stuhl. Nacheinander natürlich. Lassen Sie nun den *Angstmacher* beginnen und laut aussprechen, was er befürchtet, versuchen Sie seinen besorgten Ton gut zu treffen: Da *muss* unbedingt Gewissheit her! Sonst passiert etwas Schlimmes! Und wie belastend diese ganze Ungewissheit ist! Ist doch kaum zum Aushalten ... Dann wechseln Sie auf den anderen Stuhl und betrachten das Gesagte in aller Ruhe wie von außen: Hm, schön und gut ... aber ist das wirklich so? Es kann doch auch ganz anders kommen, oder? Viel harmloser? Und ehrlich gesagt – so richtig anstrengend wird die ganze ungewisse Sache ja erst durch dein Drängen. Verstricken Sie den Angstmacher in eine Diskussion über das Für und Wider seiner Befürchtungen. Je länger sie ihm Paroli bieten, umso mehr verinnerlichen sie die alternative Einstellung, die sie vertreten.

## 8.3	Wirksam handeln auch in ungewissen Situationen

Ungewissheit macht mich handlungsun-fähig	**Auch in ungewissen Lagen, lässt sich oft noch sinnvoll handeln**

Ungewissheit raubt die eigene *Handlungsfähigkeit*. Personen mit einer geringen Ungewissheitstoleranz sind oft überzeugt, wie gelähmt zu sein, wenn sie unter Ungewissheit handeln müssen. Gerade diese Überzeugung hat gravierende Auswirkungen auf die in ungewissen Situationen erlebte Angst (Abschn. 6.1) – denn ist eine Person überzeugt, eine Situation schon in gewünschter Weise beeinflussen zu können, dann fühlt sie sich auch von einer ungewissen Situationen mit hoher Wahrscheinlichkeit eher auf eine positive Weise herausgefordert. Bestehen aber Zweifel an den eigenen Handlungsmöglichkeiten, dann schießen die Bedrohungsgefühle in die Höhe (Lantermann et al. 2009).

Aber bringt man nicht vielleicht doch viel mehr zuwege, als die eigene *geringe Ungewissheitstoleranz* einen glauben machen möchte? Sich der eigenen *Handlungsfähigkeit* auch in ungewissen Situationen zu vergewissern und sie zu trainieren ist also von zentraler Bedeutung. Gerade diese Überzeugung steigert viele *Formen der Intoleranz gegenüber Ungewissheit* (Abschn. 5.2.1). Der Eindruck der eigenen *Hilflosigkeit* macht jedenfalls eine komplizierte Situation noch viel schlimmer: *Ungewisse Situationen* bilden hier keine Ausnahme.

Beispiel

Auf die Frage, warum er eigentlich so lange schon aufgeschoben habe, zum Arzt zu fahren, es sei doch eine reine Routineuntersuchung, muss Herr Schieber selbst erst einmal überlegen. Ja, warum eigentlich? Nun, er war noch nie bei diesem Arzt und die Praxis liegt in einem Viertel, das er nicht gut kennt. Was wenn er einen Termin verabredet, aber dann dort keinen Parkplatz findet? Schließlich kennt er die Situation mit den Parkplätzen dort einfach nicht genau: Ist dort viel Betrieb? Kann man in den Straßen am Straßenrand parken? Gibt es dort vielleicht nur Anwohnerparkplätze? Ist ein Parkhaus in der Nähe? Und wenn ja, hat es an diesem Tag überhaupt geöffnet? Und wie teuer ist es dort?

Die ungewissen Alternativen überschwemmen ihn schnell, wenn er anfängt darüber nachzudenken. Alles ist so unklar ... er sieht einfach keine Möglichkeit mehr zu handeln. Wenn es doch nur klare Vorgaben geben würden, was er tun muss! Er fühlt sich komplett paralysiert.

8.3.1 Schritt 1: Handlungsmöglichkeiten und Handlungsfähigkeit einüben

Bei der *Handlungsmöglichkeit* geht es darum, dass einer Person Reaktionsmöglichkeiten einfallen, die in einer ungewissen Situation weiterhelfen: Was soll ich nur tun? Bei der *Handlungsfähigkeit* geht es um die Überzeugung, diese auch umsetzen zu können: Schaffe ich das? Beides sind wichtige Aspekte, sich einer Situation gewachsen zu fühlen. Die nächsten Schritte setzen genau dort an und bieten verschiedene Übungen, sich wieder *handlungsfähiger* zu fühlen, auch in ungewissen Situationen. Aber sie bieten auch Übungen, auch in ungewissen Situationen einen klaren Kopf zu bewahren und zu überlegen, welche *Handlungsmöglichkeiten* einem eigentlich trotzdem zur Verfügung stehen.

Handlungsmöglichkeiten und Handlungsfähigkeit in ungewissen Alltagssituationen üben – Experimente

Ungewissheitsexpositionen: Nehmen Sie sich noch einmal die obigen Liste ungewisser Situationen vor (Abschn. 8.1.4). Suchen Sie ein paar davon erneut auf, diesmal nicht um auszuwerten, wie sie in ihnen mit einer neuen Einstellung zurechtkommen, sondern um zu testen und zu üben, wie sie reagieren, wenn wirklich etwas Unerwartetes in ihnen geschieht. Das folgende Beispiel macht anschaulich, wie sie bei den Übungen vorgehen sollen.

Einkaufen im unbekannten Supermarkt: Sicher, man kauft gewöhnlich dort ein, wo man immer einkauft. Aber fahren Sie für die Übung doch einfach mal ‚eins weiter'. Meist liegt der nächste Supermarkt, den man noch nie oder nur sehr selten betreten hat, nur ein paar hundert Meter entfernt. Arbeiten Sie einmal dort ihre Einkaufsliste ab. Sie finden das Regal mit dem Kaffee nicht? Wie sind Ihre Handlungsmöglichkeiten? Sich Zeit nehmen und einfach weitersuchen? Jemanden fragen? Und schaffen Sie das? Wie ist es also um Ihre Handlungsfähigkeit bestellt? Sie bekommen manche Sachen nicht? Was nun? Machen Sie sich klar, dass Sie gerade dabei sind, eine ungewisse Situation eigentlich ganz gut zu bewältigen!

Belassen Sie es nicht bei einer Übung: Weil sich tiefsitzende Überzeugungen bezüglich der eigenen Handlungsfähigkeit nicht so schnell ändern, lohnt es sich, sich in vielen Experimenten über mehrere Wochen hinweg zu engagieren. Manche Autoren empfehlen mindestens drei Experimente pro Woche (Robichaud et al. 2019). Dabei müssen es nicht immer andere ungewisse Situationen sein, denen Sie sich aussetzen, sondern ein Situationstyp kann auch mehrfach wiederholt werden.

Gucken Sie sich abschließend auch noch einmal die zehn letzten Experimente im Überblick an. Wie viele davon hatten wirklich ein negatives Ergebnis? Wie oft war es davon katastrophal? Wie gut sind sie dann damit fertig geworden? Wie sieht es insgesamt nach diesen Experimenten mit ihrer Bewältigungsfähigkeit aus?

8.3.2   Schritt 2: So ziemlich auf alles gefasst sein

Ungewissheit bedeutet nicht *Unwissenheit* (Abschn. 7.2): Bei ihr sind die Ausgangsmöglichkeiten einer Situation bekannt, aber nicht deren Wahrscheinlichkeit. Warum sich also mit den eigenen Handlungen nicht auf jede dieser Ausgangsmöglichkeiten vorab einstellen? Werde ich die Praktikumsstelle bekommen, um die ich mich beworben habe? Das ist eine ungewisse Situation und die Bewerberin wartet gespannt auf die Antwort. Aber kann sie sich nicht bereits handlungsmäßig auf die verschiedenen Ausgänge einstellen? Bekommt sie das Praktikum, dann freut sie sich (und verschiebt vielleicht den Urlaub), bekommt sie die Stelle nicht, dann bewirbt sie sich um weitere Praktikumsstellen. Die *Handlungsmöglichkeiten* sind also auch hier vorhanden und klar – sie beziehen sich eben nur auf zwei und nicht auf eine Ausgangsmöglichkeit wie bei sicheren Situationen. Eigentlich ist also gar nicht so viel anders. Im Alltag sind solche Vorbereitungen auf die wichtigsten möglichen Ausgänge ungewisser Situationen übrigens gang und gäbe: Man nimmt vorsichtshalber einen Schirm mit, wenn es regnen könnte, kommt etwas zu früh zum Bahnhof, falls es ein unvorhersehbares Hindernis geben sollte.

Bei dieser Strategie, handlungsfähig zu bleiben in ungewissen Situationen, geht es um eine Art präventive *Schließung der Ungewissheitslücke* (Kosinar 2018). Denken Sie noch einmal an Herrn Schieber und sein Parkplatzproblem: Er ist sich nicht sicher, ob er bei seinen Arztbesuch einen Parkplatz in der Nähe der Praxis bekommen. Was sind die Ausgangsmöglichkeiten? Wenn er einen Parkplatz findet, ist alles gut. Aber was macht er, wenn er keinen findet und den Arzttermin verpasst? Vielleicht fährt er wieder nach Hause und ruft in der Praxis an, entschuldigt sich, dass er den Termin nicht wahrnehmen konnte – und mache einen neuen aus. Wieder liegen Handlungsmöglichkeiten vor, die ihn auch sicherlich nicht überfordern.

Trainieren Sie nun diese Strategie an den eigenen ungewissen Situationen und gewöhnen Sie sich dabei ein dreischrittiges Denken an – das eigene Bewältigungspotenzial ist oft größer als anfangs angenommen:

1. Welche Ausgangsmöglichkeiten liegen eigentlich in Ihren ungewissen Situationen vor?
2. Welche Handlungsmöglichkeiten haben Sie für jede dieser Möglichkeiten? Legen Sie sich auf eine fest, wenn es mehrere sind.
3. Schätzen Sie Ihre Handlungsfähigkeit für die ausgewählten Handlungen ein: Können Sie das?

8.3.3 Schritt 3: Mir fällt unterwegs schon etwas ein

Gar nicht so selten überraschen ungewissen Situationen mit unerwarteten Ausgängen. Und um langwieriges *Sorgenmachen* (Abschn. 6.3) zu vermeiden, ist es auch praktisch oft sinnvoller, manche Handlungsmöglichkeiten erst unterwegs zu überlegen. Sich bei einem überraschenden Ausgang erst in der laufenden Situation etwas einfallen zu lassen, fällt nun aber gerade Personen mit geringer Ungewissheitstoleranz sehr schwer – „they are incapable of thinking on their feet" (Robichaud et al. 2019, S. 136).

Bei dieser Strategie im Umgang mit ungewissen Situationen geht es also darum, zuerst nur lockere Pläne zu fassen, die man wenn nötig im Laufe der Situation anpassen kann. Der Handelnde ist aufmerksam für Veränderung und passt neue Informationen im Laufe der Situation in die eigenen Handlungspläne ein – es wird *situierte Kreativität* (Kosinar 2018) eingesetzt.

Wie sähe so ein Handlungsvorgehen nun bei Herrn Schieber und seinem Parkplatzproblem aus? Vielleicht würde er auf folgende Weise einen ersten losen Plan fassen: Och, ich fahre erst einmal eine Stunde früher los … und dann sehe ich weiter. Wenn er nach einer halben Stunde Suche immer noch keinen Parkplatz gefunden hat, beginnt er erneut zu überlegen. Er könnte in ein Parkhaus in der Innenstadt fahren und von dort schnell zu Fuß zum Arzt. Oder er könnte, wie es sein Bruder immer macht, den Wagen auf einem nahen Supermarktparkplatz abstellen. Und hoffen, dass es beim Arzt nicht allzu lange dauern wird. Auch hier fällt auf, dass immer noch Handlungsmöglichkeit und Handlungsfähigkeit gegeben ist. Und besonders viel Improvisationstalent ist dafür gar nicht nötig. Nun aber los zu Übungen, um die eigene *situierte Kreativität* zu trainieren!

Lösungen improvisieren im Alltag – Experimente

1. *Die Fahrt ins Blaue:* Nehmen Sie sich einen Ausflug in eine unbekannte, vielleicht größere Nachbarstadt vor, die sie kaum kennen. Vielleicht wollen Sie dort ins Kino, ins Museum oder in die Fußgängerzone. Unterbinden Sie dafür alle Vorausplanungen und fahren einfach los. Sie finden zwar die Stadt, aber nicht das Kino auf Anhieb: Was nun? Einfach noch eine Weile herumfahren? An einer Tankstelle halten und fragen? Wieder zurückfahren? Sie finden nun Ihren Zielort, aber dort nicht sofort einen Parkplatz: Was nun? Noch eine Weile weitersuchen? In ein entfernteres Parkhaus und ein Stück zu Fuß gehen? Werten Sie am Ende Ihre Erfahrungen aus: Sind Ihnen mittendrin neue Handlungsmöglichkeiten eingefallen? Waren sie fähig, diese umzusetzen? Wie war das Ergebnis? Und vor allem: Was sagt das über Ihre Handlungsfähigkeit in ungewissen Situationen aus?

2. *Das unbekannte Restaurant:* Gehen Sie in ein für Sie neues Restaurant und bestellen etwas von der Karte, was Sie nicht kennen. Es schmeckt nicht: Was nun? Einfach etwas anderes bestellen? Oder danach noch in einen anderen Laden? Es unter ,Erfahrung' buchen und zu Hause noch ein Brot essen? Werten Sie die Erfahrung auch hier wieder aus: Sind Ihnen neue Handlungsmöglichkeiten in der Situation eingefallen? Waren Sie fähig diese umzusetzen? Wie war das Ergebnis? Und vor allem: Was sagt das über Ihre Handlungsfähigkeit in ungewissen Situationen aus?

8.3.4   Schritt 4: Eine realistische Überzeugung zum eigenen Handeln entwickeln

Möglicherweise erscheint Ihnen nun die eigene Handlungsfähigkeit schon etwas freundlicher – ob nun vorher oder mittendrin: Es tun sich doch häufig auch für ungewisse Situationen *Handlungsmöglichkeiten* auf. Und diese überfordern nur selten die eigene *Handlungsfähigkeit.*

Was soll also nun die Überzeugung „Ungewissheit macht mich handlungsunfähig" ersetzen? Auf welche alternative Überzeugung sollten Sie sich in diesem Bereich stützen? Hier ist ein Vorschlag, wie im Gegensatz dazu eine realistische Einschätzung klingen könnte.

Handlungsfähigkeit in ungewissen Situationen

Auch in ungewissen Situationen bleibt die eigene Handlungsfähigkeit üblicherweise erhalten. Gewöhnlich fallen einen schon nützliche Handlungsmöglichkeiten für die jeweiligen Ausgänge einer ungewissen Situation ein, die sich auch gut umsetzen lassen.

8.3.5   Schritt 5: Vertiefungsübungen zur eigenen Handlungsfähigkeit

Die eigene *Handlungsfähigkeit* in ungewissen Situationen führt man sich am besten durch Erfahrungen vor Augen – vertiefen Sie also das Vertrauen zu den eigenen Handlungen durch weitere Übungen!

Die angemessen Einschätzung eigener Handlungsfähigkeit vertiefen

Ein neues Restaurant ausprobieren, ohne große Informationen in einen Film im Kino gehen, eine Strecke mit dem Auto ohne Navigationshilfe fahren – eine Liste von solchen Ungewissheitsübungen findet sich ja weiter oben (Abschn. 8.1.4). Wählen Sie aus dieser Liste wieder einige Übungen für sich selbst aus. Um die neue Überzeugung wirklich zu vertiefen sind durchaus viele Übungen hilfreich. Es lohnt sich zudem, die Experimente über möglichst verschiedene Lebensbereiche zu streuen. Schließlich sollten die Experimente auch immer etwas schwieriger werden – haben Sie Angst vor der Ungewissheit einer Reise, dann ist eins der ersten Experimente vielleicht, bei einem Kurztrip erst am Morgen vor der Fahrt den Koffer zu packen. Das Nächstschwierigere könnte sein, einen kompletten Urlaubstag nicht im Voraus zu verplanen.

Nach der Übung ist es besonders wichtig, die eigenen Erfahrungen auszuwerten: Haben Sie trotz gelegentlicher Schwierigkeiten in ungewissen Situationen Handlungsmöglichkeiten gesehen?

Konnten Sie diese Möglichkeiten umsetzen – sind Sie handlungsfähig geblieben? Hat sich die angewendete neue Überzeugung in den Situationen als hilfreich erwiesen? Sind Sie ruhiger geblieben? Wenn Sie die letzten zehn oder zwanzig Übungen Revue passieren lassen: Hat sich die neue Einstellung im Durchschnitt bestätigt?

8.4   Den Selbstwert von der Gewissheit emanzipieren

Häufig Ungewissheit zu erleben wirft ein schlechtes Licht auf mich	**Häufig Ungewissheit zu erleben lässt nicht auf den eigenen Charakter schließen. Sie ist normal und begegnet allen Menschen**

Sich ein sicheres und absehbares Leben einrichten zu können, kann auch als persönlicher Erfolg angesehen werden. Wenn aber jemand es einfach nicht schafft, die Ungewissheit seiner Lage zu beseitigen, dann wirft das ebenso schnell ein schlechtes Licht auf die eigene Person: Man glaubt schnell, sich die Lage irgendwie selbst eingebrockt zu haben – zu nachlässig, zu faul, zu ungeschickt zu sein, um ein gewisses und sicheres Leben einzurichten.

Beispiel

Die Gedanken von Herrn Schieber schweifen oft weit über die konkreten Sorgen um das, was etwa passieren kann, wenn er zu einem neuen Arzt in einem anderen Viertel fährt, hinaus. Oder über die Sorgen, was seinen kleinen Enkeln passieren kann, wenn sie wild auf seinem Wohnzimmersofa herumspringen.

Wie könnte das alles nur so kommen? Und was für eine lächerliche Figur er geworden ist! Früher, als Dachdecker, ist er Risiken eingegangen, gegen die solche Kleinigkeiten ein Witz sind! Und er hatte sie immer mutig als Herausforderungen angesehen. Und heute? Da hat er Angst schon vor den kleinsten Ungewissheiten. Was für eine Niete er doch ist! Dabei wollte er immer stark sein und seiner Familie Sicherheit und Klarheit im Leben bieten. Und was ist

> daraus geworden? Nun muss er seine Tochter fragen, ob sie ihn zu einem Arzt fährt, weil er sich nicht traut! Eine lächerliche Figur! Ein Versager!
> Und das alles seit diesem Unfall. Wie ein einziger Sturz vom Dach seine ganze Persönlichkeit doch verändert hat.

Eine *geringe Ungewissheitstoleranz* geht häufig einher mit einem *gewissheits-abhängigen Selbstwert* (Abschn. 5.3) – der Wert der ganzen eigenen Person, die ganze Selbstachtung, wird größtenteils an der Fähigkeit, das eigene Leben mit Gewissheit und Sicherheit zu versehen, einem absehbaren Leben, gemessen. Dadurch wird der Selbstwert natürlich sehr instabil, denn er ist abhängig von einem Umstand, dem man gar nicht kontrollieren kann. Besonders zwei Bewertungen spielen hier eine Rolle:

1. Weil ich nicht in der Lage bin, in meinem Leben Gewissheit, Klarheit und Sicherheit zu schaffen, bin ich ein Versager
2. Weil ich mit der alltäglichen Ungewissheit jedes Lebens nicht umzugehen verstehe, bin ich ein Versager

Die nächsten Schritte sollen helfen, den eigenen Selbstwert unabhängiger von Gewissheit oder Ungewissheit zu machen. Sie finden sich noch ausführlicher in einer anderen Veröffentlichung (Spitzer 2017).

8.4.1   Schritt 1: Den eigenen Selbstwert bewusst machen

Machen Sie Ihren Selbstwert davon abhängig, wie sehr es Ihnen gelingt, ein sicheres, gewisses Leben einzurichten (und mit Ungewissheiten fertig zu werden)? Haben Sie also einen *gewissheitsabhängigen Selbstwert?* Es handelt sich um einen Selbstwert, der sich nicht auf viele Aspekte stützt, vielleicht die Leistung, das Verwirklichen eigener Ziele oder gute Auskommen mit anderen Menschen, sondern vor allem auf die Sicherheit schaut: Diese *Monokultur des bedingten Selbstwerts* macht ihn besonders labil, anfällig für starke Schwankungen. Denken Sie für eine Weile entlang der folgenden Fragen über die Komponenten Ihres eigenen Selbstwerts nach:

1. Akzeptieren Sie sich für gewöhnlich so wie Sie sind? Sind sie für sich ohne großes Nachdenken ,ok'? Oder muss sich Ihr Selbstwert immer wieder neu beweisen?

2. Neigen Sie dazu, sich abzuwerten, wenn Sie häufig in ungewisse Lagen geraten? Zieht es Sie sehr runter? Fühlen Sie sich dann insgesamt unfähig und wertlos, wie ein Taugenichts, ein Versager?
3. Gibt es neben Sicherheit/Gewissheit noch andere Aspekte, die Ihren Selbstwert heben oder senken? Ihre Leistung vielleicht? Oder die Anerkennung, die Sie von anderen erfahren?

8.4.2 Schritt 2: Den eigenen Selbstwert breiter aufstellen

Menschen machen ihren Selbstwert gewöhnlich von einer ganzen Reihe von Lebensumständen abhängig: Habe ich genug geleistet? Bin ich fleißig genug? Wie sieht die Anerkennung durch andere Menschen aus? Bekomme ich viel Unterstützung von der Familie oder den Freunden? Habe ich Humor? Bin ich mit meinem Aussehen zufrieden? Bin ich ein ‚guter', moralischer Mensch (Crocker und Nuer 2003)? Bei geringer Ungewissheitstoleranz hingegen wird der Selbstwert oft nur von einer Sache abhängig gemacht – schaffe ich Sicherheit und Gewissheit in meinem Leben? Oder gelingt es mir nicht?

Es ist nun wichtig, den eigenen Selbstwert wieder breiter aufzustellen, dafür zu sorgen, dass viele Lebensaspekte in ihn einfließen. Hier sind zwei Übungen, um den Selbstwert auf diesem Weg weniger abhängig zu machen von Gewissheit und Sicherheit.

Den Selbstwert differenzierter gestalten – Übungen

1. *Die Basis des eigenen Selbstwerts verbreitern:* Sie kennen Tortengrafiken von Wahlabenden. Zeichnen Sie einen Kreis auf und überlegen Sie, welche Sachverhalte Sie gewöhnlich mit Stolz erfüllen oder sich klein fühlen lassen, je nachdem ob sie gut ausgehen.
Geht es wirklich immer um Gewissheit oder Sicherheit? Oder trägt auch die Leistungsfähigkeit zu ihrem Stolz bei? Oder die Anerkennung durch andere? Oder moralisch gehandelt zu haben? Gesund gelebt zu haben? Für die Familie oder Freunde dagewesen zu sein? Je mehr Werte ihnen einfallen, die in ihren bedingten Selbstwert einfließen, umso besser – denn nun wird er unabhängiger von dem Kampf um Gewissheit oder gegen das Ungewisse. Die anderen Bereiche stabilisieren ihn, auch wenn sie erneut in ungewisse Situationen geraten und sich dies vorwerfen.
2. *Eine Umfrage zum Selbstwert durchführen:* Fragen Sie einige Personen aus ihren Umfeld nach der Basis ihrer Selbstbewertung. Auf welche Werte hinter Handlungen und deren Ergebnissen führen diese Personen ihren Stolz oder ihr Niedergedrücktsein zurück? Ist der Selbstwert dieser Personen ebenfalls

fast ausschließlich von einzelnen Faktoren, wie der Fähigkeit, Gewissheit zu schaffen, abhängig? Oder fließt dort mehr mit ein? Was wollen Sie zur Selbstbewertung für sich übernehmen?

8.4.3 Schritt 3: Eine bedingungslose Selbstannahme fördern

Zu einem normalen gesunden Selbstwert gehört aber nicht nur eine Selbstbewertung, die sich darauf stützt, was einem im Leben gelingt oder nicht: Es gibt auch eine Art *grundlegenden Selbstwert*, „basic selfesteem" (Koivula et al. 2002, S. 867), gelegentlich auch *unbedingte Selbstakzeptanz* genannt. Bei einer ausgeprägten unbedingten Selbstakzeptanz nimmt man sich wie selbstverständlich an, wie man eben ist, mit den eigenen Meinungen, Reaktionen und Haltungen. Dieser grundlegende Selbstwert, den man empfindet, gilt gewöhnlich als recht früh im Leben erworben und als besonders abhängig von der aufmerksamen Zuwendung, die man als Kind erfahren hat.

Sich annehmen heißt dabei mehr als die nüchterne Anerkennung, eben so oder so zu sein („Ach, so bin ich eben") – sie bedeutet, auf der eigenen Seite zu stehen, sich wertzuschätzen, zu mögen: zu sich zu stehen, ohne großes Warum und Wieso. Und eine solche *Selbstannahme* wirkt. Psychologische Studien bestätigen, dass sie relativ immun macht gegen die Fluktuationen der Selbstbewertung angesichts wechselnder Erfahrungen im Leben (Chamberlain und Haaga 2001). In der Psychotherapie haben sich unterschiedliche Wege entwickelt, sich von einer solchen unbedingten Selbstannahme zu überzeugen und sie einzuüben. Vor allem finden sich zwei Alternativen, um diese Selbstannahme zu steigern, die auch vor einem zu *gewissheitsabhängigen Selbstwert* schützt.

1. Der humanistische Weg

Nach einem *humanistischen Gedankengang* kommt dem menschlichen Leben, manchmal auch jeglichem Leben, eine besondere Würde schon qua Geburt zu – „Being is good" (Ellis 2005, S. 40), wie es ein einflussreicher Psychologe knapp auf den Punkt gebracht hat. Danach hängt der Wert des Menschen, anders als der von Dingen, nicht davon ab, wie nützlich sie sind – man verschrottet Menschen nicht wie alt gewordene Autos. Im Gegenteil: Menschen sind wertvoll als denkende, bewusste Lebewesen, die in der Lage sind ihre eigene Zukunft zu gestalten. Gedanklich klingt diese Form der unbedingten Selbstannahme so:

„Ich akzeptiere mich so wie ich bin, als einen fehlbaren Menschen, wie alle anderen. Und als dieser Mensch bin ich an sich wertvoll, ganz unberührt davon, ob ich etwas erreiche im Leben oder nicht".

Verschiedene Übungen können dabei helfen, eine solche humanistische Selbstachtung zu vertiefen, sodass sie zu einer inneren Überzeugung wird, die hilft, die *Selbstabwertung bei Ungewissheiten* zu verhindern:

Der Wert des Menschen – Experimente

1. *Beobachtungsübung:* Beobachten Sie andere Menschen auf deren Mängel und Schwächen hin und ergänzen wieder, diesmal still: „ ... aber dein Wert bleibt davon ganz unberührt, du bleibst als Mensch wertvoll."
2. *Perspektivwechsel:* Beobachten Sie im Alltag auf die eine oder andere Weise eingeschränkte Menschen, etwa einen Rollstuhlfahrer. Halten Sie diese für weniger wert als Mensch? Hören Sie auf die dabei spontan aufwallende Empörung. Aber wenn dies für die anderen gilt ... warum sollte es dann nicht auch für sie selbst gelten? Was haben gerade Sie getan, dass diese automatische Anerkennung eines Menschen trotz seiner Schwächen für Sie selbst nicht gelten darf?

---

2. Der praktische Weg – Selbstmitgefühl

Die bisherige Variante unbedingter Selbstannahme ist eher nachdenklicher, philosophischer Natur und vielleicht nicht jedermanns Sache. *Selbstmitgefühl* ist dagegen eine praktische Variante *unbedingter Selbstannahme:* Grundgedanke ist, dass wer Selbstmitgefühl praktiziert, der ist mit sich selbst *auf eine trostvolle Weise* beschäftigt. Selbstmitgefühl bedeutet so etwas wie sich selbst ein tätiger Freund zu sein.

Dieser fürsorgliche Umgang ist *praktizierte unbedingte Selbstannahme* und umfasst drei Aspekte: Freundlichkeit zu sich selbst, auch wo es nicht gelingt, Gewissheit zu schaffen (1); Leiden und Schwierigkeiten als eine allgemeine menschliche Erfahrung anzusehen (2); Achtsam bleiben, also dem Gegenwärtigen zugewandt, statt mit der Bewertung zu verschmelzen (3). Man kann diese Form tätiger Selbstannahme etwa so in Worte fassen:

„Das mit der dauernden Ungewissheit ist wirklich schlimm. Komm', mach' dir nichts draus und tröste dich drüber weg. Da bist du in guter Gesellschaft ... jeder muss irgendwie mit diesem Ungewissen fertig werden. Aber jetzt kümmere dich wieder um das Konkrete"

Auch Selbstmitgefühl können Sie sich über einige Übungen näher bringen, um die eigene *unbedingte Selbstannahme* auf diesem Weg zu fördern:

Selbstfürsorge üben – Experimente

1. *Empathischer Perspektivwechsel:* Überlegen Sie, wie sie mit einem Freund, ihrem Partner, einen Kind umgehen, dem etwas schief gegangen ist ... werden Sie denjenigen nicht versuchen zu trösten? Sachte fragen, wie es ihm jetzt geht? Sich um ihn kümmern? Sagen, dass es doch wirklich jedem passieren kann? Und vielen wirklich schon passiert ist? Dass derjenige nicht allein ist? Sich nun aber doch nicht zu sehr da hineingeben sollte, sondern besser in die Gegenwart zurückkehren? Haben Sie diese Haltung gut vor Augen? Dann übertragen Sie sie nun auf sich selbst, wenn Ihnen selbst etwas schief geht und versuchen sie diese, auch wo es mit Gewissheit und Sicherheit nicht klappt.
2. *Mentales Tagebuch zum Selbstmitgefühl:* Versuchen Sie sich abends noch einmal *die* unbewältigte Ungewissheit des Tages zu vergegenwärtigen. Anschließend probieren Sie dabei immer wieder, die beschriebene Haltung sich selbst gegenüber einzunehmen.

8.4.4 Schritt 4: Eine hilfreiche Einstellung zum Selbstwert entwickeln

Vielleicht haben Ihnen die Übungen schon ein wenig weitergeholfen, ihren Selbstwert nicht so sehr davon abhängig zu machen, das Leben gewiss und sicher einzurichten. Welche hilfreichere Einstellung soll nun die Überzeugung „Häufig Ungewissheit zu erleben wirft ein schlechtes Licht auf mich" ersetzen? Auf welche alternativen Überzeugungen sollte man sich in diesem Bereich stützen? Hier ist ein Vorschlag, wie im Gegensatz dazu eine realistische Einschätzung klingen könnte.

Ungewissheit und Selbstwert

Immer wieder ungewissen Situationen ausgesetzt zu sein, sagt noch lange nichts über den Wert der ganzen Person aus. Es gibt so viele andere Fähigkeiten und Unfähigkeiten, von denen der Selbstwert noch abhängt, dass sich über ihn eigentlich nie abschließend etwas sagen lässt. Außerdem tangiert der Umgang mit Ungewissheit meinen Wert als Menschen genauso wenig wie jede andere Leistung oder Fähigkeit. Die Würde als Mensch, also auch meine, bleibt davon ganz unberührt. Sie ist bei jedem Menschen gleich groß.

8.5 Das gewissheitsbezogene Gerechtigkeitsverlangen flexibler machen

Ungewissheit ist unfair. Und es sollte gefälligst fair zugehen in meinem Leben!	Ungewissheit ist gar nicht unfair: Alle Menschen sind Ungewissheit ausgesetzt, nicht nur ich, und das auch noch etwa gleich häufig. Und wer hat mir eigentlich eine faire, gerechte Welt versprochen?

Nicht immer wird die Verantwortung dafür, *Gewissheit* zu schaffen, der eigenen Person zugeschrieben – und die eigene Person beim Verfehlen dieses Ziels abgestempelt: Ich bin wirklich unfähig! Da gibt es ja noch eine andere Möglichkeit … bei *geringer Ungewissheitstoleranz* wird die Verantwortung, Gewissheit zu schaffen, bei anderen oder der ganzen Welt gesehen – und es ist empörend, wenn diese Welt ihrer Verantwortung für Gewissheit und Sicherheit zu sorgen, einfach nicht nachkommt. Es ist einfach nicht fair, derart viel Ungewissheit im Leben ertragen müssen! Es ist einfach ungerecht, keine Garantien im Leben zu erhalten! Hier geht es also nicht um ein *Gewissheitsverlangen* (Abschn. 8.1), sondern um ein *Gerechtigkeitsverlangen*, das nur Ungewissheit und Gewissheit zum Thema hat. Der Typus der *außengerichteten Ungewissheitsintoleranz* basiert auf dieser Überzeugung (Abschn. 5.3).

Gerade die *Überzeugung einer irgendwie gerechten Welt*, welche die Guten belohnt und die Bösen bestraft, wird oft zu den besonders existenziellen Annahmen vieler Menschen gezählt (Lerner 1980). Es gibt danach ein *Anrecht auf Fairness* im Leben – und weil dazu gehört, ein Leben voller Gewissheit zu führen, geht es einfach nicht, trotzdem beständig diesen Ungewissheiten ausgesetzt zu sein. Bei geringer Ungewissheitstoleranz ist der *Wutbürger* nie besonders weit entfernt. Die Forderung ‚Die Welt sollte fair und gerecht sein' nimmt dabei oft die Gestalt von typischen Frage- oder Ausrufesätzen an: Warum passiert so etwas immer mir! Das habe ich nicht verdient! Ich verlange doch wirklich nicht viel!

Da es sich hier ebenfalls um eine *absolute Forderung* handelt, ähnelt viel im Umgang mit dem *Gerechtigkeitsverlangen* dem, was Sie schon vom *Gewissheitsverlangen* (Abschn. 8.1.) her kennen – auch hier ist das Problem vor allem die Starrheit der Forderung: Eine Person mit geringer Ungewissheitstoleranz *fordert* von sich oder der Welt ein großes Maß an Gerechtigkeit (zumindest in dem einen Punkt des Verschontbleibens vom Ungewissen).

Sie begnügt sich nicht damit, sie nur dringend zu *wünschen*. Sie lässt nicht locker, empört Fairness in diesem Punkt einzufordern.

Es ist natürlich schön und gut, sich eine faire, gerechte Welt zu wünschen – aber wenn dieser Wunsch sich zu einer absoluten Forderung entwickelt, wird es problematisch. Die Forderung nach einer gerechteren Welt lähmt dann die eigene Handlungsfähigkeit und macht impulsiver. Und vor allem: Die Forderung allein macht die Welt natürlich nicht gerechter. Und so geht es darum, das eigene *Gerechtigkeitsstreben* so flexibel zu handhaben, dass man sich auch *mit dem Ungewissen arrangieren* kann ... ohne sich tierisch über Ungewissheiten aufzuregen. Denn *Ärger* ist hier ein häufig auftretendes belastendes Gefühl (Abschn. 6.1).

8.5.1 Schritt 1: Sich das eigenen Gerechtigkeitsverlangen bewusst machen

Blättern Sie noch einmal kurz zurück zu Ihrem eigenen *Ungewissheitsprofil* (Abschn. 2.3): Sind Sie der ärgerliche Typ? Welche konkreten Sicherheiten und Klarheiten fordern Sie, weil es eben nur fair ist. Was sind die Gewissheiten die Sie erreichen *müssen?* Steckt hinter der Gewissheit hier und da noch eine zweite Forderung? Nämlich die nach Fairness – und fair ist es eben, nicht so sehr dem Ungewissen ausgesetzt zu sein? Bringen Sie sie in die Form konkreter *Forderungen:* Man sollte beruflich keinen Ungewissheiten ausgesetzt sein, das ist einfach nicht gerecht! Andere können doch viel besser mit Ungewissheiten umgehen – warum muss ich das wieder machen? Das ist nicht fair!

8.5.2 Schritt 2: Die Gerechtigkeitserwartung kritisch hinterfragen

Leben wir in einer fairen gerechten Welt?
In einer Welt, in der gesetzlich verbrieft jedem Bürger Fairness versprochen wird, könnte man berechtigterweise empört reagieren und sie, an den Stellen, wo sie ausbleibt, einfordern. Aber ist unsere Welt so gestrickt? Hier . folgen Übungen, um dies zu untersuchen:

Gerechtigkeit und Ungerechtigkeit im Alltag – Beobachtungsübungen

1. *Faire und unfaire Stellen der Welt finden:* Untersuchen Sie Ihre eigene Umwelt auf Gerechtigkeit hin. Wie geht es dort zu? Finden Sie Beispiele für

---

Unfairness (ein jüngerer Kollege wird einem älteren bei der Beförderung vorgezogen, ein ‚unschuldiges' Kind stirbt früh)? Finden Sie Beispiele für Fairness (es gibt extra eingerichtete Plätze für Personen mit körperlichen Einschränkungen oder Älteren in öffentlichen Verkehrsmitteln)? Kommen Sie auch zum Eindruck einer sehr ‚gemischten Welt' bezüglich der Gerechtigkeit? Mit welcher Einstellung sollte man so einer Welt am besten begegnen, um nicht zu verbittern?
2. *Eine Umfrage:* Mit welcher Einstellung begegnen eigentlich andere Leute den offensichtlichen Ungerechtigkeiten in der Welt?

Bringt es mehr Vor- oder Nachteile, Gewissheit zu verlangen, weil es einfach fair ist?

Verärgert Gewissheit zu fordern, weil man es in einer fairen Welt doch wohl verlangen kann, schön und gut – aber hilft es auch weiter? Trotz ihrer holzschnittartigen Vereinfachung gelten solche Annahmen, dass es in der Welt fair und gerecht zugeht, manchmal sogar als nützlich, weil ihre starke Vereinfachung zur Bewältigung des Alltags beiträgt: Menschen gehen wie selbstverständlich davon aus, dass ihnen im Alltag nichts zustoßen wird, wenn sie sich nichts zuschulden kommen lassen, und dies Vertrauen erleichtert das Handeln. Ereignisse lassen sich hier durch den moralischen Charakter einer Person vorhersagen – jeder bekommt, was er verdient. In einer gerechten Welt treffen Unglücke eben gute Menschen weniger häufig. Aber gewöhnlich hat ein *absolutes Gerechtigkeitsverlangen* mehr Nachteile als Vorteile. Lassen sich ungewisse Situationen durch Empörung zum Verschwinden bringen? Oder wenigstens besser bewältigen?

Suchen Sie nun nach den Vor- und Nachteilen Ihres eigenen Gerechtigkeitsverlangens bezüglich Gewissheit und Ungewissheit. Sie können die Vor- und Nachteile auch wieder in einem Diagramm zusammenstellen (Abschn. 8.1). Wie fällt Ihre Bilanz der Vor- und Nachteile aus? Steht es einigermaßen schlecht um den Nutzen Ihres Gerechtigkeitsverlangens?

8.5.3 Schritt 3: Sich einen flexiblen Gerechtigkeitswunsch aneignen

Möglicherweise ist Ihnen das intensive und starre *Gerechtigkeitsverlangen* nun doch etwas fragwürdiger geworden. Eine gerechtere Welt schön und gut … tun Sie etwas dafür! Aber sie einfach zu fordern, macht sie noch nicht besser. Und vor allem hilft es bei der Bewältigung konkreter ungewisser Situationen kein bisschen weiter. Es lenkt nur ab. Aber welche Einstellung soll die Überzeugung „Ungewissheit ist unfair. Und es sollte im Leben gerecht zugehen!" in Zukunft ersetzen? Hier sind zwei Vorschläge, die sie vertiefen können, indem sie sie in ungewissen Situationen, die sie ärgern, versuchsweise immer wieder zur eigenen Perspektive machen.

1. Na klar *will ich wirklich dringend,* dass ich fair behandelt werde und nicht so oft ungewissen Situationen ausgesetzt bin und ich werde sicher mein Bestes dafür geben, aber ich brauche es nicht unbedingt. Schließlich geht es in der Welt nicht immer gerecht zu. Ich kann mich auch mit einer unfairen Ungewissheit soweit arrangieren, dass ich mich auf ihre Bewältigung konzentrieren kann.
2. In der Welt geht es manchmal gerecht und manchmal ungerecht zu, und auch gute Menschen sterben häufig genug jung. Und sie mutet jedem auch Ungewissheiten zu, fair oder unfair. Es ist besser, diese Tatsache zu akzeptieren und sich darauf zu konzentrieren, diese Ungewissheiten zu bewältigen.

Nun haben Sie den gesamten *gedanklichen Filter* geringer Ungewissheitstoleranz bearbeitet und sich nicht wenig Mühe gemacht, eine *ausbalanciertere Ungewissheitstoleranz* bei sich selbst einzurichten. Alle Achtung! Spüren Sie vielleicht sogar schon im Ansatz einen angenehmeren, weniger belastenden Umgang mit ungewissen Situationen? Versuchen Sie, die neu gewonnenen Einstellungen für die nächsten Wochen weiter im Alltag zu etablieren.

Literatur

Bauman Z (2005) Moderne und Ambivalenz. Das Ende der Eindeutigkeit. Hamburger Edition Verlag, Hamburg
Chamberlain JM, Haaga DA (2001) Unconditional self-acceptance and responses to negative feedback. J Rational-Emot Cognitive-Behav Ther 19:177–189
Crocker J, Nuer N (2003) The insatiable quest for self-worth: comment. Psychol Inq 14:31–34
Ellis A (2005) The myth of self-esteem. Prometheus Books, New York
Fracalanza, K (2015) An in-depth examination of intolerance of uncertainty and its modification in generalized anxiety disorder. Dissertation: https://digital.library. ryerson.ca/islandora/object/RULA%3A4338. Zugegriffen: 15. Apr. 2020
Gigerenzer G (2014) Risiko: Wie man die richtigen Entscheidungen trifft. Btb Verlag, München

Koivula N, Hassmen P, Fallby J (2002) Self-esteem and perfectionism in elite athletes: effects on competitive anxiety and self-confidence. Personality Individ Differ 32:65–875

Kosinar J (2018) Konstruktionen von Professionalität und Ungewissheitserfahrungen im Referendariat. In: Paseka A, Keller-Schneider M, Combe A (Hrsg) Ungewissheit als Herausforderung für pädagogisches Handeln. Springer, Berlin, S 255–275

Lantermann E-D, Döring-Seipel E, Eierdanz F, Gerhold L (2009) Selbstsorge in unsicheren Zeiten: Resignieren oder Gestalten. Beltz, Weinheim

Lerner M (1980) The belief in a just world: a fundamental delusion. Plenum Press, New York

Martin S (2019) The CBT workbook for perfectionism: evidence-based skills to help you let go of self-criticism, build self-esteem, and find Balance. New Harbinger, Oakland

Ortony A, Clore GL, Collins A (1988) The cognitive structure of emotions. Cambridge University Press, Cambridge

Rapgay L, Bystritsky A, Dafter RE, Spearman M (2011) New strategies for combining mindfulness with integrative cognitive behavioral therapy for the treatment of generalized anxiety disorder. Rational-Emot Cognitive-Behav Ther 29:92–119

Robichaud M, Koerner N, Dugas MJ (2019) Cognitive behavioral treatment for generalized anxiety disorder. From science to practice, 2. Aufl. Routledge, New York

Spitzer N (2017) Perfektionismus überwinden. Müßiggang statt Selbstoptimierung. Springer, Berlin

9

Tanz mit dem Ungewissen – alternative Arrangements mit dem Unklaren

Inhaltsverzeichnis

Die eigentliche Arbeit ist nun, hoffentlich erfolgreich, abgeschlossen – ein entspannterer *Sinn für das Ungewisse* ist entstanden, die psychische *Allergie geringer Ungewissheitstoleranz* (Abschn. 2.2) abgeklungen und die Fähigkeit, sich mit unvermeidbaren ungewissen Umständen im Leben zu arrangieren, hat sich deutlich verbessert. Bravo! Sie haben sich eine bessere *Ungewissheitsregulation* angeeignet, ein geschickteres „Sicherheitsmanagement" (Hempel 2012, S. 194).

Welchen Weg haben Sie dabei nun hinter sich? Sie können inzwischen *Ungewissheit* recht gut *zähmen* (Kap. 7), aber besonders *das Ungewisse besser tolerieren* (Kap. 8). Vor allem haben Sie Ihren *gedanklichen Filter* für das Ungewisse neu eingestellt – Ungewisses muss nicht mehr unbedingt in Gewissheit verwandelt werden, erscheint oft nicht mehr sofort bedrohlich oder anstrengend, die eigene Handlungsfähigkeit scheint auch in ungewissen Situationen weiterhin gegeben, der Selbstwert ist gegen die Konfrontation mit dem Ungewissen immunisiert und das unvermeidliche Ungewisse erscheint auch nicht mehr wie eine persönliche Ungerechtigkeit, über die man platzen könnte vor Wut.

© Springer-Verlag GmbH Deutschland, ein Teil von Springer Nature 2020
N. Spitzer, *Schritte ins Ungewisse*, https://doi.org/10.1007/978-3-662-61138-8_9

Das Ungewisse mag Ihnen zwar nicht unbedingt sympathisch geworden sein, wie für die meisten anderen Menschen bleibt es ein *Störfall* (Abschn. 2.2). Noch mehr Zuneigung für das Ungewisse zu entwickeln, fällt eben schwer. Zu sehr ähnelt das Ungewisse der Definition eines *Problems:* „Ein Problem existiert immer dann [...] wenn ein Problemlöser ein Resultat oder einen Zustand erstrebt, von denen er nicht sofort weiß, wie er sie erreichen soll. Unvollkommenes Wissen über die Art des Vorgehens steht im Zentrum des Problematischen" (Ehrenberg 2019, S. 143). Bei einem Problem reicht es eben nicht, alles zum Besten durchzurechnen, sondern es ist Kreativität gefragt – mit ungewissem Ausgang. Jede Unklarheit, auch das Ungewisse, bleibt so immer eine Art *Störfall* auf dem reibungslosen Weg zum Ziel. Aber sie werden inzwischen ohne übergroße Belastung mit diesem Störfall fertig. Und manchmal, aber vielleicht doch eher selten, gelingt es nun sogar, dem *Ungewissen etwas Positives abzugewinnen* (Abschn. 2.1).

Also alles bestens? Irgendwie bleibt doch eine kleine Ernüchterung: War das wirklich schon alles? Diese immer leicht nörgelige, widerstrebende *Toleranz gegenüber dem Ungewissen* zu steigern? In den folgenden Kapiteln wird daher versucht, noch einmal ganz andere Blickwinkel auf das Ungewisse auszuprobieren, über eine gut ausbalancierte *Ungewissheitstoleranz* hinaus.

Aber das ist gar nicht so einfach: Sind nicht alle überhaupt denkbaren Positionen, die man zur *Koexistenz mit dem Ungewissen* einnehmen kann, längst besetzt? Auf der einen Seite ein fast schon altmodisches *Gewissheitsverlangen*, das traditionelle *Sicherheitsdenken* (Abschn. 4.3.1), auf der anderen die hypermoderne *Ungewissheitsfreundlichkeit* der Unternehmer und Künstler (Abschn. 4.3.2), ja sogar die *Ungewissheitsbegeisterung* der *Edgeworker* und *Sensation Seeker* (Abschn. 2.1) … und irgendwo dazwischen eine *ausbalancierte Ungewissheitstoleranz*, bei der man zwar das Ungewisse nicht lieben muss, sich mit ihm aber doch halbwegs gut arrangiert. Sind damit nicht wirklich schon alle Positionen, mit dem Ungewissen umzugehen, ausgefüllt?

9.1   Immer wieder die gleiche Type – wer geht da eigentlich mit dem Ungewissen um?

Man muss zuerst einen kleinen Umweg einschlagen, um zu einer frischen Perspektive auf *alternative Arrangements mit dem Ungewissen* zu kommen. Am besten richtet sich dafür die Aufmerksamkeit einmal nicht auf ungewisse Situationen, sondern auf die Person, die sich mit ihnen einlassen will oder muss. Der besorgte sicherheitsorientierte *Präventionist* (Abschn. 4.3.1), die sachliche *Ungewissheitstolerante*, der über alle Maßen risikobereite *Sensation Seeker* und die ungewissheitsfreundliche Künstlerin – so verschieden diese Typen auf den ersten Blick wirken, so sehr teilen sie doch einen entscheidenden Zug. Ja, man könnte sogar sagen, sie sind ein- und derselbe Typ, der sich nur in der Nebensächlichkeit, wie er mit dem Ungewissen umgehen, unterscheidet! Was ist das also eigentlich für ein Typ, über den hier noch gar nicht viele Worte verloren worden sind? Was haben sie alle gemeinsam?

Alle Varianten, Sicherheitsdenker wie *Sensation Seeker,* entsprechen dem Bild eines aktiven, praktischen Menschen, der weiß, was er will, und diese Ziele zu verwirklichen sucht. Damit entsprechen sie alle dem üblichen *Bild des Alltagsmenschen* – oder etwas spröder: „Das Individuum […] wird systematisch als praktisches Subjekt vorgeführt, das vor Problemen steht, die es zu lösen hat, das eine Wahl treffen und Entscheidungen fällen muss, indem es Mittel und Zwecke in Einklang bringt" (Ehrenberg 2019, S. 24). Jeder ist seines Glückes Schmied, hat sein Leben in der Hand – und kann erreichen, was er oder sie will, wenn man sich nur anstrengt. Das Bild vom Menschen als *praktischem Zielerreicher* ist tief eingelassen in alltägliche Sprüche. Der Mensch ist bestimmt über sein *Eigeninteresse.* Und in der modernen Psychologie ist es natürlich nicht anders: Verzicht und Selbstaufgabe sind dort Anzeichen einer ungesunden Psyche, denn die „Fähigkeit, die eigenen Interessen zu wahren" (Illouz 2012, S. 296) ist heute das Sinnbild geistiger Gesundheit schlechthin.

Und dies Menschenbild grundiert auch alle bisher vorgestellten Umgangsweisen mit dem Ungewissen: Der *Präventionist* mit seinem *Sicherheitsdenken* kommt vielleicht aus der Mittelschicht (Abschn. 3.2) – und sieht seine langfristigen Ziele durch ungewisse Umstände in Gefahr. Die Unternehmerin strebt nach einem Gewinn und kalkuliert mit dem Ungewissen für ihren Vorteil. Die Künstlerin sucht das Ungewisse zu nutzen, um sich etwas Neues einfallen zu lassen. Der *Sensation Seeker* zeigt Ungewissheitsbegeisterung, um keine Langweile aufkommen zu lassen und sich durch Grenzsituationen seiner selbst zu vergewissern. Und auch die eher sachliche *Ungewissheitstolerante* setzt sich mit dem Ungewissen auseinander, um die eigenen wichtigen Ziele nicht aus den Augen zu verlieren (Abschn. 6.5.2).

Bei allen Typen herrscht ein zielstrebiger handlungsorientierte Blick auf das Ungewisse – ungewisse Situationen treten ihnen auf dem Weg zu ihren Zielen in den Weg, mal als ein Hindernis, mal als eine Chance. Besonders natürlich als Hindernis oder Problem: als *Störfall.* Der einflussreiche

Soziologe Hartmut Rosa nimmt an, „dass für spätmoderne Subjekte die Welt schlechterdings zum Aggressionspunkt geworden ist. Alles, was erscheint, muss gewusst, beherrscht, erobert, nutzbar gemacht werden" (Rosa 2019, S. 12). Ungewisse Situationen *nerven* eben, sie sind eine Erschwernis auf dem Weg zum eigenen Ziel – und die Antwort darauf ist, dass sie sich mit einer großen Portion *Ungewissheitstoleranz* letztlich doch noch am besten in den Griff kriegen lassen.

Trotz der scheinbar so großen Vielfalt an Arrangements mit dem Ungewissen – überall dieselbe Type! Und nicht jeder kann sie leiden. Manche fragen sich: Ist „unser Leben [wirklich nur] eine abgeschmackte Abfolge von Bedürfnissen und – bestenfalls – ihrer stumpfen Befriedigung" (Pfaller 2011, S. 17)? Will man also einen frischen Blick auf das Ungewisse werfen, so muss man es von einem anderen Menschenbild aus tun. Aber gibt es da überhaupt Alternativen?

9.2 Wir können auch anders! Die Kunst, ein anderer Typ zu sein

Die Vorsicht gegenüber den eigenen Zielen und Wünschen hat die Künstlerin Jenny Holzer bereits in den später 1970er zu einem inzwischen legendären Slogan verarbeitet – *Protect me from what I want.* Mit den eigenen Zielen weicher umgehen, vom eigenen Wollen gelegentlich abrücken: das verändert auch das *Erleben des Ungewissen.* Aber es braucht Hilfsmittel und Übungen, um sich aus dem Würgegriff solch einer fixen Idee wie der Zielerreichung (und des Ungewissen als Hindernis oder Chance) zu befreien. Genau dazu dienen die folgenden *Haltungen,* die darauf hinweisen, dass es auch anders gehen könnte – nebst Übungen als Wegbeschreibung, dorthin zu gelangen.

Vorgestellt werden drei andere Positionen zu den eigenen Zielen und was dies für den Umgang mit ungewissen Situationen bedeuten kann. Es sind sozusagen tänzerische Formen des Umgangs mit dem Ungewissen, das bei allen Varianten ein Stück weit Selbstzweck bleibt. Folgt man im eigenen Alltag solchen anderen Haltungen eine Weile, tritt man auch per Übung in ihre Fußstapfen, dann funktionieren sie wie angenehme Irritationen der üblichen Zielstrebigkeit. Jede alternative Haltung ist also eine andere Lebensweise, die einen alternativen Blick auf den zielstrebigen Umgang mit der Ungewissheit, wie tolerant auch immer, erlaubt. Es sind Gedankenspiele, aber auch durchaus mögliche Gegenentwürfe für ein von Zielen überschwemmtes Leben. Wollen Sie es nicht einmal versuchen?

Literatur

Ehrenberg A (2019) Die Mechanik der Leidenschaften – Gehirn, Verhalten, Gesellschaft. Suhrkamp, Berlin

Hempel L (2012) Gefühl und Selbstführung. Seneca und die Technologie der inneren Sicherheit. In: Metelmann J, Beyes T (Hrsg) Die Macht der Gefühle Emotionen in Management, Organisation und Kultur. Berlin University Press, Berlin, S 191–204

Illouz E (2012) Warum Liebe weh tut. Eine soziologische Erklärung. Suhrkamp, Berlin

Pfaller R (2011) Wofür es sich zu leben lohnt. Fischer, Frankfurt a. M.

Rosa H (2019) Unverfügbarkeit. Residenz Verlag, Wien

10

Sieht gut aus! Die Schönheit des Ungewissen genießen

Inhaltsverzeichnis

Nichts widerspricht den *aktiven Zielerreichern* mehr als das bloße Zuschauen – nichts vorhaben, die Hände tief in den Taschen, sich einfach ein bisschen umsehen. Wer kein Ziel hat, kann auch nicht in die Irre gehen oder sich blockiert fühlen. Der Zuschauer verfolgt keine besondere Absicht und so kann ihm das Ungewisse auch nicht wie ein Hindernis auf seinem Weg zum Ziel erscheinen.

Als *Zuschauer* oder *Betrachter* ist der Mensch für einen Augenblick kein zielstrebiges Wesen mehr, für das alles, was ihm begegnet letztlich erst einmal im Weg oder zur Hand ist. Etwas, das das Zielerreichen komplizierter macht oder benutzt werden kann. Auch Ungewissheit macht die Sache komplizierter – und muss daher weg: Jede „Komplexität gilt im Grunde als Störfall" (Reckwitz 2017, S. 85). Verdammter Mist! Konnte das denn nicht einfacher gehen? Hier, in den ungewissen Situationen, gibt es immer mehrere Ausgangsmöglichkeiten … und man weiß einfach nicht genau, was

© Springer-Verlag GmbH Deutschland, ein Teil von Springer Nature 2020
N. Spitzer, *Schritte ins Ungewisse*, https://doi.org/10.1007/978-3-662-61138-8_10

nun wirklich kommt: Stellen Sie sich nur vor, eine Person macht seiner oder ihrer aufgeklärten emanzipierten Freundin einen Heiratsantrag – nimmt sie ihn wohl gerührt an? Oder bekommt sie bloß einen ausführlichen Lachanfall? Oder stellt sie gar wegen einer solchen konventionellen Aktion die ganze Beziehung in Frage? Wer weiß.

Für den *Beobachter,* der gerade nichts Besonderes vorhat, erscheint die *Komplexität des Ungewissen* dagegen nicht unbedingt als dieser Störfall. Und sie muss auch gar nicht beseitigt werden – warum sollte sie sogar nicht viel *schöner* erscheinen als die simple gradlinige Gewissheit?

10.1 Beschaulichkeit – dem Ungewissen interessenfrei begegnen

Es geht also um *Beschaulichkeit,* um „kontemplatives Verweilen" (Han 2009, S. 24). Und hier, mit den Händen tief in den Taschen und gar nichts weiter vor – wie erscheint eine ungewisse Situation eigentlich dann? Kann man von den eigenen Absichten absehen, dann sieht man möglicherweise statt einer komplizierten Ungewissheit (Das wird aber kompliziert, mein

Ziel zu erreichen) – eine Situation mit einer hohen aber interessanten *Eigenkomplexität* (Das sieht aber spannend aus): Kompliziertes verwandelt sich in Komplexes – und Komplexes wirkt oft interessant. „Eigenkomplexität und innere Dichte machen gerade den Reiz einer Sache aus; sie sind es, worum es geht" (Reckwitz 2017, S. 85). Manchmal spricht man auch von einer *ästhetischen* Wahrnehmungsweise, in den man so interessefrei gerät … wie sieht das hier eigentlich aus, so ganz für sich betrachtet?

Auch eine *ungewisse Situation* verwandelt sich, wenn man ihr so ohne eigene Interessen gegenübertritt: ohne ein Ziel, das hinter der nun zu überwindenden Ungewissheit liegt. Möglicherweise empfindet man in solchen Zuständen sogar eine besondere Form der Freude – *Heiterkeit*. Es ist ein weniger intensives Gefühl, eine Art empfundene Seelenruhe, Ausgeglichenheit. Es ist der Genuss der Abwesenheit von zu viel Handlung, von Entscheidungen, von Dingen, um die man sich sorgen muss, von Berechnungen und Zielstrebigkeiten: „Heiterkeit ist die ungeheure Erleichterung, nichts mehr zu erwarten" (Gros 2010, S. 161). Es kann also durchaus lohnend sein, für einen Moment zumindest die eigenen Ziele aus dem Kopf zu kriegen.

10.2 Wo man im Alltag von sich absieht

Vorbilder für einen interessefreien Umgang mit den Dingen, finden sich auch heute noch oft genug. Man kann immer noch in ein Museum gehen, einen Film im dunklen Kino sehen, oder ein Konzert besuchen. Es sind alles Orte, an denen üblicherweise kein instrumenteller Zweck verfolgt wird – sondern wo die Anwesenden die Dinge einfach auf sich wirken lassen (Rosa 2019). Exotische fernöstliche Praktiken der Meditation sind also gar nicht nötig, um für eine Weile die eigenen Ziele auszusetzen. Schon Pop- und Rockmusik hören die meisten nicht, weil die Songs wichtige Informationen für die Handlungsplanung und Zielerreichung liefern, sondern sie wird ziemlich zweckfrei sinnlich genossen.

Und gerade in Romanen wird häufig die angenehme, aufregende *Eigenkomplexität des Ungewissen* genutzt. Da gibt es zum Beispiel den Kniff des *unglaubwürdigen Erzählers* (Nünning 1998): Normalerweise nimmt man den Hauptfiguren in einem Roman alles ab und fiebert mit ihnen, aber nicht immer. Weiß man bereits, dass es sich bei einem Ich-Erzähler um einen arroganten Typen handelt, der die Welt schnell durch den Zerrspiegel seiner eigenen Überheblichkeit sieht, dann liest man folgende Stelle gleich ganz anders, auch wenn man sie nur durch seine Augen kennenlernt:

> Die Tür öffnete sich, eine Assistentin mit enger Bluse kam herein und legte ein beschriebenes Blatt hin; Bogovic betrachtete es ein paar Sekunden, dann legte er es weg. Ich sah sie an und lächelte, sie sah weg, aber ich bemerkte doch, dass ich ihr gefiel. Sie war rührend schüchtern. Als sie hinausging, lehnte ich mich unauffällig zur Seite, damit sie mich im Gehen streifte, aber sie wich aus. Ich zwinkerte Bogovic zu, er runzelte die Stirn. Wahrscheinlich war er homosexuell (Kehlmann 2003, S. 55).

Misstrauisch geworden durch das sich wiederholende Stereotyp der scheinbaren Wirkung des Erzählers auf alle Frauen, wagt die Leserin eine andere Deutung der Szene: Sieht die Sekretärin vielleicht nicht aufgrund von Schüchternheit weg, sondern weil sie vom Erzähler angewidert ist? Runzelt Bogovic vielleicht die Stirn, nicht weil er homosexuell, sondern weil er peinlich berührt ist? Aber natürlich sind noch andere Deutungen möglich. Es ist hier ein fast detektivischer Genuss mit dem Ungewissen: Was geschieht da wirklich? Als Leser, der nicht mit seinen eigenen Zielen in die Situation verwickelt ist, genießt man dies seltsame Gefühl, dass irgendetwas mit dem Erzählten im Roman nicht stimmt. Hat der Erzähler versteckte Absichten? Ist er so überheblich, dass er die Realität verzerrt? Oder nur schwer von Begriff, dass ihm Entscheidendes entgeht? Verhindert eine bestimmte Weltanschauung den klaren Blick? Oder ist er bloß naiv? Es ist ungewiss – auf eine schöne Weise.

10.3 Wie Ungewissheitstoleranz aus dem Blickwinkel der Beschaulichkeit aussieht

Aus der Perspektive eines *Betrachters, der gerade nichts weiter vorhat* als die Eigenkomplexität einer ungewissen Situation auszukosten, erscheinen selbst Personen mit einer guten, gesunden *Ungewissheitstoleranz* wie von ihren eigenen Zielen Besessene – eigentlich beschäftigen sie sich doch nur mit dem Ungewissen, um damit *fertig zu werden*. Etwas drastisch gesagt, sind sie Sklaven ihrer eigenen Ziele. Sie verpflichten sich stark auf die eigenen Ansprüche – und in ihrer Zukunftsbezogenheit können sie immer nur die Dinge hinter der ungewissen Situation sehen. Diese selbst bemerken sie kaum, ihre vielleicht schöne *innere Dichte,* ihre *Eigenkomplexität.* Das Ungewisse bleibt immer nur ein Störfall für diese Besessenen. Sie legen eine Art *Ungewissheitsblindheit* an den Tag. Das Ungewisse soll bloß weg oder schlau ausgenutzt werden.

Sie würden wahrscheinlich nie einen Roman lesen (schon gar keinen mit einem unglaubwürdigen Erzähler ... wie unnötig kompliziert!), sondern lieber ein Sachbuch. Etwas, von dem man auch etwas hat, das einen weiterbringt. Sie sind ganz und gar *praktische Menschen* und so kann ihnen das Ungewisse nur als Störung oder Chance begegnen. Es sind hingebungsvoll Wollende – und gerade erst genesen vom *Müssen* des *Gewissheitsverlangens*. Sie kennen Zufriedenheit, wenn sie ihre Ziele erreicht haben, ja, aber keine *Gelassenheit. Heiter* waren sie noch nie, höchstens witzig. Denn Gelassenheit ist im Kern dadurch gekennzeichnet, dass man sich „des Wollens entwöhnt" (Strässle 2013, S. 115) und sich ziellos treiben lassen kann.

10.4 Übungen in Beschaulichkeit – die innere Dichte des Ungewissen genießen lernen

Und Sie? Spüren Sie auch gelegentlich die Sehnsucht nach *heiterer Gelassenheit* und hören in sich eine Stimme flüstern: Einfach mal weniger Wollen. Und dafür mehr die *Eigenkomplexität der Dinge, Menschen und Situationen* wahrnehmen und wertschätzen, auch das Ungewisse! Dann lohnen sich die folgenden Übungen im interessefreien Umgang mit ihm.

1. Müde der Welt begegnen
Ist man müde, dann will jeder und jede vor allem eins – *seine oder ihre Ruhe haben.* Was wollte man noch gleich ... ach, vielleicht morgen. Heute auf keinen Fall mehr ... bin einfach zu müde. In der Müdigkeit steckt also ein Stück Zweckfreiheit. Zumindest manche Autoren loben gerade diesen Aspekt an der *herrlichen Müdigkeit:* „Die Inspiration der Müdigkeit sagt weniger, was zu tun ist, als was gelassen werden kann" (Böhme 2018, S. 28).

Sicher, es gibt viele Formen von Müdigkeit: Man ist nicht ganz ausgeruht, irgendwie erschöpft, wirklich todmüde. Aber eine Sache scheint doch immer gegeben: Das eigene Vermögen der Zielstrebigkeit ist gerade wirklich nicht auf der Höhe. Und genau das gilt es in dieser Übung auszunutzen.

Machen Sie sich also zuerst absichtlich müde: Vielleicht legen sie sich abends sehr spät ins Bett oder stehen morgens ungewöhnlich früh auf für ein paar Tage. Oder sie verzichten auf den gewohnten Mittagsschlaf. Setzen Sie sich dann müde auf eine Parkbank oder in ein Café und lassen sie so angenehm geschwächt die Umstände auf sich wirken. Spüren Sie Ihre Unfähigkeit zum Tun und Wollen. Und denken Sie nun an eine ungewisse Situation ... wie wird das z. B. morgen in diesem unbekannten Restaurant sein … und lassen sie ihre Gedanken einfach weiterschweifen … ach, egal. Darüber habe ich mir wirklich Sorgen gemacht? Spüren Sie wie sich der Eindruck des Lästigen verflüchtigt, wie Sie gar nicht mehr nur ‚damit fertig werden wollen'. Soll es doch kommen wie es eben kommt … sogar interessant irgendwie, diese ganz Offenheit des Lebens, schon im Kleinen … wo kommt eigentlich plötzlich diese Heiterkeit her?

2. Flanieren

Normalerweise geht man im Alltag irgendwo hin, um dort etwas zu erledigen – es ist eine zielgerichtete Bewegung, man geht Einkaufen, man geht jemandem besuchen. *Flanieren* dagegen ist vor allem ein vom Zufall bestimmtes Gehen, ziel- und richtungslos. Mit seinem langsamen Gang und seiner Tendenz zur Herumtreiberei schafft der Flaneur um sich eine *Insel der Ziellosigkeit* – und wartet geduldig auf Eindrücke. Er kann innehalten, um etwas näher zu betrachten, sich Neuem zuwenden, einfach weiter gehen.

Übersicht

Flanieren bezeichnet ein zielloses, aber aufmerksames Schlendern durch die Stadt. Anfangs waren Flaneure wohlhabende Nichtstuer und Pensionäre, aber durch die seit dem 19. Jahrhundert stark ausgeweitete Freizeit besitzt heute fast jeder die Möglichkeit, sich das Flanieren anzueignen. Der moderne Flaneur ist nicht mehr allein der wohlhabende Nichtstuer, der nicht zu arbeiten braucht, sondern ebenso der Durchschnittsbürger, der · durch Ausweitung der Urlaubszeiten und der Arbeitszeitverkürzung in den Genuss von Freizeit gekommen ist.

Das Flanieren in der Stadt ist aber trotzdem eine durchaus anspruchsvolle Aufgabe geblieben: Vor allem sind die modernen Innenstädte natürlich eher für das Gegenteil eines zweckfreien Bummelns eingerichtet – sie sind durchfunktionalisiert für den zentralen Zweck des Konsums. Das was nun als ‚Flaniermeile' bezeichnet wird ist eigentlich nur eine Fußgängerzone voller Geschäfte. Die architektonisch geschaffene ziellose Gehbewegung und der schweifende Blick dienen nun dazu, von Waren oder Verkäufern gefesselt zu werden (Böhme 2016).

Zudem hebt gerade ihre absichtslose und langsame Bewegung die Flaneure schnell aus ihrer Unauffälligkeit. Ihr langsames Beobachten sorgt dafür, dass ihnen heimliche Absichten unterstellt werden. Der Schriftsteller Franz Hessel erzählt von misstrauischen Blicken, wenn er zwischen den umtriebigen Anderen nur absichtslos herumflaniert: „Sie merken, daß bei mir nichts ‚dahinter' steckt" (Hessel 2012, S. 23). Aber auch innerlich ist das Flanieren manchmal nicht leicht zu ertragen: Durch die eigene Absichtslosigkeit wird dem Flaneur die eigene Identität, die sich schließlich oft aus den eigenen Zielen konstituiert, nicht mehr greifbar. Er schafft sich ein *leeres Ich,* das erst einmal ausgehalten werden muss.

> Besonders schwierig ist das Flanieren für Frauen, die sich immer noch nicht wirklich ungestört allein durch jede Ecke der Stadt bewegen können. Viele Autorinnen haben über Frauen in der Stadt nachgedacht, haben von *Flaneusen* gesprochen, die nicht mehr Flanieren, sondern *Flexen* gehen, um den männlich geprägten Begriff gleich ganz abzustreifen (Dündar et al. 2019; Elkin 2018). Hier ist das Flanieren noch viel mehr als eine Übung, nämlich der subversive Akt, einfach rauszugehen und sich die Stadt anzueignen. Nur zu!

Nehmen Sie sich also für diese Übung ein paar Stunden, bevorzugt an einem schönen Tag, treten einfach aus der Tür, treiben sich auf diese langsame Weise in den Straßen herum und geben sich dem Luxus frei schwebender Aufmerksamkeit hin. Haben Sie sich schon in diese absichtslose, aber aufmerksame Zerstreutheit eingefühlt? Dann aber los! Nutzen Sie vielleicht eine lange Mittagspause um sich treiben zu lassen, durch die Gegend zu trödeln. Gegen das Misstrauen, so ohne Absicht zu sein, ziehen sie sich am besten unauffällige Kleidung an – Flanieren ist kein Sehen-und-Gesehen-werden.

Nun kommt noch das *Ungewisse* ins Spiel. Wenn Sie so durch das Viertel treiben, kommen Sie ständig an Abzweigungen, Kreuzungen, Gabelungen. Wo soll es lang gehen, wenn man doch nirgendwo hinwill? Und wo wird es Sie hinführen? Wählen Sie ein willkürliches, aber einfaches Prinzip nach dem Sie diese *ungewissen Situationen* auflösen, ihren ganz eigenen Kompass für den Gang: Immer in die Straßen einbiegen, deren Anfangsbuchstabe später im Alphabet kommt; in die Straße einbiegen, die den Eindruck macht, hier eher auf eine leere Bierflasche vom Vorabend zu treffen, oder auf einen Rosenstock im Vorgarten; einfach eine Münze werfen oder einen Würfel benutzen – wie beim *Würfel-Spaziergang* (Abschn. 8.3.2). Hören Sie in sich hinein: Ist es interessant, sich so interesselos dem Ungewissen zu überlassen? Viel reizvoller, als einfach nur geradeaus zu gehen?

Literatur

Böhme G (2016) Ästhetischer Kapitalismus. Suhrkamp, Berlin

Böhme H (2018) Müdigkeit, Erschöpfung und verwandte Emotionen im 19. Und frühen 20. Jahrhundert. In: Fuchs T, Iwer L, Micali S (Hrsg) Das überforderte Subjekt. Zeitdiagnosen einer beschleunigten Gesellschaft. Suhrkamp, Berlin, S 27–51

Dündar ÖÖ, Göhring M, Othmann R, Sauer L (2019) Flexen. Flaneusen* schreiben Städte. Verbrecher Verlag, Berlin

Elkin L (2018) Frauen erobern die Stadt – in Paris, New York, Tokyo, Venedig und London. Btb Verlag, München

Gros F (2010) Unterwegs. Eine kleine Philosophie des Wanderns. Riemann Verlag, München

Han B-C (2009) Duft der Zeit. Ein philosophischer Essay zur Kunst des Verweilens. transcript, Bielefeld

Hessel F (2012) Spazierengehen in Berlin. Bloomsbury Taschenbuch, Berlin

Kehlmann D (2003) Ich und Kaminski. Suhrkamp, Frankfurt a. M.

Nünning A (Hrsg) (1998) Unreliable Narration. Studien zur Theorie und Praxis unglaubwürdigen Erzählens in der englischsprachigen Erzählliteratur. Wissenschaftlicher Buchverlag, Trier

Reckwitz A (2017) Die Gesellschaft der Singularitäten. Zum Strukturwandel der Moderne. Suhrkamp, Berlin

Rosa H (2019) Unverfügbarkeit. Residenz Verlag, Wien

Strässle T (2013) Gelassenheit. Über eine andere Haltung zur Welt. Hanser, München

11

Das Ungewisse … als veränderndes Abenteuer

Inhaltsverzeichnis

Für manche Menschen ist das *Ungewisse* kein lästiger *Störfall* auf dem Weg zum Ziel – sie wollen sich geradezu von ihm stören und verstören lassen. Sie suchen ungewisse Situationen gezielt auf, um sich von ihnen verändern zu lassen. Um Erlebnisse zu haben, über die man sagt: Danach war ich nicht mehr dieselbe oder derselbe wie vorher. In diesem Fall wird die erlebte Ungewissheit ein *Abenteuer,* ein wirkliches *Ereignis.*

Ein *Abenteuer* ist erst einmal ein außergewöhnliches und aufregendes Erlebnis. Abenteuer beinhalten meist unvorhergesehene Situationen die vom *Abenteurer* gemeistert werden müssen. Ein solcher Abenteurer scheint identisch mit einem *Sensation Seeker* oder *Edgeworker* (Abschn. 2.1) – nur geht es ihm im Kern nicht so sehr um den Kick, den Rausch, die Selbsterhöhung im Angesicht der Gefahr. Er sucht nach etwas anderem, wenn er ins Ungewisse aufbricht.

Die Haltung des Abenteurers hat mit *Beschaulichkeit* (Kap. 10) nun wirklich überhaupt nichts zu tun. Der Abenteurer bleibt nicht, die Hände tief in den Taschen, vor dem Ungewissen stehen und bewundert seine interessante innere Dichte. Er ist also keinesfalls interesselos – er will sein Abenteuer bestehen. Aber während eine zielstrebige Person gerade nicht von ihrem einmal gefassten Ziel abgebracht werden will, beschäftigt den Abenteurer eine ganze andere Frage: Wie kann man eigentlich das Erstarren in den eigenen Zielen vermeiden? Und er hat darauf, ob er es selbst weiß oder nicht, eine philosophische Antwort: „Das Subjekt der Erfahrung muß sich offen halten für das Kommende, ja für das Überraschende und Ungewisse der Zukunft. Sonst erstarrt es zu einem Arbeiter, der die Zeit bloß abarbeitet. Er verändert sich nicht" (Han 2009, S. 13).

11.1 Was ein Abenteuer ist

Als *Abenteuer* wird eine Unternehmung oder auch ein Erlebnis bezeichnet, das sich stark vom alltäglichen Geschehen unterscheidet. Es geht um etwas scheinbar Wagnishaltiges, das interessant, faszinierend oder auch gefährlich zu sein verspricht – *und bei dem der Ausgang ungewiss ist.* Schon die Herkunft des Begriffs beschreibt, was hier anders ist: Das Lateinische ‚*ad venire*' bezeichnet, dass etwas auf einen zukommt – es ist nicht mehr die Person, die auf eine Situation losgeht, sondern hier scheint eher die Situation aktiv und auf die Person zuzukommen – als unerwartetes Ereignis.

Das Anrüchige des Abenteuers

Das *Abenteuer* und vor allem der *Abenteurer* haben heute viel von ihrem alten Glanz verloren. Der Abenteurer steht zwar noch in einer Reihe von positiv geladenen Typen wie dem Helden, dem Genie oder dem Star, aber leben wir nicht andererseits längst in postabenteuerlichen Zeiten? Zumindest vom Wissenschaftler hat sich der Abenteurer heute völlig abgelöst – der Wissenschaftler muss zu keinem Abenteuer mehr aufbrechen, um etwas zu entdecken, sondern ist gewöhnlich nur einer aus einem Spezialistenteam, das in einem Labor beheimatet ist. Abenteurer wirken heute irgendwie überflüssig und fast ein wenig lächerlich.

Ist, wer sich heute Abenteurer nennt, nicht eher eine Art „Penner in Outdoor-Klamotten" (Foerster 2019, S. 13)? Abenteurer, also Personen, die versuchen, das Abenteuer auf Dauer zu stellen in ihrem Leben, erscheinen heute eher wie windige unverlässliche Typen, Glücksritter oder Spielernaturen. Als moderne Abenteurer werden gewöhnlich Menschen bezeichnet, die ganz oder für einige Zeit aus dem Berufsleben aussteigen und sich einer medienvermarkteten spektakulären Unternehmung widmen: Sie fahren mit dem Fahrrad einmal um die Welt oder besteigen den Mount Everest rückwärts. Personen, die aus einer gesicherten Umgebung heraus sich freiwillig derartigen Unwägbarkeiten stellen, erscheinen verdächtig und nicht solide: Warum das Ganze?

Blättert man auf der anderen Seite durchs Internet, dann scheinen *Abenteuer* an jeder Ecke nur darauf zu warten wahrgenommen zu werden: Abenteuer Raumfahrt, Abenteuer Unternehmensführung, Abenteuer Küche, Abenteuer Klassik, Abenteuer Demokratie. Vor allem Jugendlichen macht man mit solchen Abenteuerversprechungen noch das Langweiligste und Anstrengendste schmackhaft.

Denn schließlich ist das Abenteuer längst zum Geschäft geworden, nicht nur als Abenteuerurlaub. Beim einem solchen *Pseudoabenteuer* wird nur noch der Schein eines wirklichen Abenteuers erweckt. Anbieter durchorganisierter Reisen verwenden gern Begriffe wie Abenteuerreise oder Expedition, wo eigentlich fast alles vorher abgesichert ist – man bricht zu keinem Abenteuer auf, sondern wird bloß ‚*beabenteuert*': „Der Aufbruch ins Ungewisse findet real oder lediglich in der Fantasie als warenförmiges Angebot statt und bettet die Unsicherheit in Berechenbarkeit ein" (Legnaro 2004, S. 73).

Aber trotz dieser anrüchigen Seiten kann das Abenteuer durchaus noch etwas Positives bedeuten. Ein Abenteuer beinhaltet immer eine Auseinandersetzung mit etwas Neuem, das Betreten unbekannten Terrains. Und Abenteurer sind Personen, die bereit sind, „loszuziehen, ins Unbekannte zu treten" (Foerster 2019, S. 21). Und vor allem: Wirkliche Abenteuer lassen niemanden unverändert. Es sind Erfahrungen, die jemanden *über sich hinauswachsen* lassen – sie bewirken eine Veränderung, vielleicht ein Wachstum, jedenfalls in unvorhersehbare Richtung. Oder wie es der Autor eines Buchs über Alltagsabenteuer auf den Punkt bringt: „Eine einzige Entscheidung kann alles verändern" (ebd., S. 9).

11.2 Ein wirkliches Ereignis

Wer auf ein Abenteuer ausgeht, und sei es auch ein Alltagsabenteuer, der hofft darauf, einem wirklichen *Ereignis* zu begegnen. Ein Ereignis ist im ursprünglichen Sinn wohl ein Geschehen, das unerwartet vor Augen tritt und also *eräugt* wird.

Die Verbindung zum *Ungewissen* wird schnell deutlich: Man hat es sich nicht ausgesucht, was einem so unter die Augen kommt. *Wirkliche Ereignisse* sind Geschehen mit einer ganz eigenen Macht – von einem wirklichen Ereignis kann man erwarten, „dass es uns widerfährt, daß es uns trifft, über uns kommt, uns umwirft und verwandelt" (Han 2016, S. 10). Hier ist sie wieder, die unvorhersehbare Veränderung, die der Abenteurer sucht.

Das gezähmte Ereignis

Ähnlich wie das *Abenteuer* wird auch das *Ereignis* längst nicht mehr in diesem radikalen und positiven Sinn verstanden. In der modernen *Eventkultur* ist es wie der Abenteuerurlaub zum Geschäft geworden – dem Ereignis-Konsumenten wurde zwar etwas Besonderes geboten, aber er oder sie geht danach zwar berührt, aber völlig unverändert nach Hause. Der boomende *Erlebnismarkt* sorgt für vielfältige gezähmte Ereignisse dieser Art, so der Soziologe Gerhart Schulze (Schulze 1992): Wir leben in einer Erlebnisgesellschaft, die sogar das *Shopping* zu einem Ereignis erklärt.

In der Psychotherapie ist das Ereignis dagegen vor allem als etwas Negatives bekannt: „Die Tiefenpsychologen haben Erlebnisse als Ursache für seelische Traumen entdeckt" (Michel 2006, S. 83). Das *traumatische Ereignis* hat nur noch eine bedrohliche Aura ... und man sollte froh sein, ihm nicht zu begegnen.

Schließlich werfen manche Philosophen dem Ereignis auch noch einen Mangel an Kohäsion vor. Einem *ereignisreichen Leben* fehlt dann eben der Zusammenhang – das Leben tröpfelt ohne übergreifende Struktur dahin: „Man fängt ständig neu an, man zappt sich durch ,Lebensmöglichkeiten'" (Han 2009, S. 16). Wer nach dieser Meinung zu sehr auf das Ereignis setzt, der riskiert die Ordnung seines Lebens. Besser nicht.

Trotz all dieser skeptischen Blicke auf das Ereignis gibt es immer noch Stimmen, die auf das Positive und Besondere eines wirklichen Ereignisses beharren, wie der Philosoph Slavoj Zizek, der das Ereignis als den Einbruch des Unvorhergesehenen ins Leben beschreibt – es hat für ihn etwas Wunderbares, nicht nur Störendes oder Unterhaltendes: „Dies ist ein Ereignis in seiner reinsten und minimalsten Form: etwas Schockierendes, aus den Fugen Geratenes, etwas, das plötzlich zu geschehen scheint und den herkömmlichen Lauf der Dinge unterbricht; etwas, das anscheinend von nirgendwo kommt, ohne erkennbare Gründe" (Zizek 2014, S. 8).

Im diesem Ereignis geht es wie im Abenteuer, um die Hoffnung auf Veränderung. Im Ereignis erscheinen Möglichkeiten, die bisher unsichtbar oder sogar undenkbar waren. Das Ereignis ist wie ein Vorschlag auf eine andere Entwicklung, die ergriffen werden kann oder nicht: „Das einfachste Beispiel ist jenes der Liebe. Sagen wir, Sie verlieben sich. Sie begegnen jemandem. Es passiert, dass sich zwischen Ihnen und dieser Person […] eine […] unerwartete und unvorhersehbare Möglichkeit eröffnet. […] Die Begegnung ist die Öffnung einer Möglichkeit in meinem Leben, die im Voraus nicht kalkulierbar war" (Badiou und Tarby 2017, S. 18). Es ist ein Abenteuer.

11.3 Ungewissheitstoleranz aus dem Blickwinkel des Abenteuers

Aus dem Blickwinkel des Abenteuers sind auch Personen mit einer gut *ausbalancierten Ungewissheitstoleranz* vor allem eins – *Beharrer.* Sie stellen sich zwar einigermaßen kaltblütig ungewissen Situationen, um ihre Ziele zu erreichen, aber eine Rückwirkung der Ereignisse auf sie selbst ist nicht vorgesehen. Vielleicht lernen sie noch etwas aus den Ereignissen für ähnliche Situationen in der Zukunft – aber ansonsten soll sie das Ganze am besten gar nicht tangieren. Sie stellen sich steif in den Wind.

Sie wollen mit dem Ungewissen ‚fertig werden' – das Ungewisse beherrschen, wie andere Situationen auch. Nur das bereitet ihnen Kopfzerbrechen. Der Gedanke, dass ungewisse Situationen ihre Pläne durchkreuzen könnten, sie um ihre Ziele bringen könnten, sie selbst also letztlich verändern könnten, erscheint ihm unheimlich und irrelevant. Und selbst die ungewissheitsfreundlichen Typen der Gegenwart, die *Unternehmerin* (Abschn. 4.3.4) und der *Künstler* (Abschn. 4.3.3) wollen das Ungewisse eigentlich nur ausbeuten – für einen Gewinn oder eine gute Idee. Sie selbst stehen in dieser Begegnung gar nicht zur Debatte. Noch mit einer gut ausbalancierten Ungewissheitstoleranz erscheint eine Person doch weniger wie eine Abenteurerin, sondern eher wie ein Tourist.

11.4 Den abenteuerlichen Umgang mit dem Ungewissen üben

Wenn Sie lernen wollen, dem *Ungewissen* als einem wirklichen Ereignis oder einem Abenteuer gegenüberzutreten, sich gerade der in ihnen liegenden Möglichkeit zu einer unvorhersehbaren Veränderung auszusetzen, dann schließen Sie sich doch den anderen Abenteurern an mit folgenden Übungen. Man kann wirkliche Erlebnisse natürlich nicht ganz planen, dann wären es keine – es lohnt sich aber eine gewisse Offenheit für das Ungewöhnliche bereitzuhalten.

Mikroabenteuer unternehmen

Abenteuer, das klingt schnell nach etwas Großem, Exotischem, auf jeden Fall etwas mit Löwen oder ausgesprochen hohen Bergen. Der große weiße Jäger. Es ist aber durchaus möglich, Abenteuer in den Alltag einzubinden, nämlich in Gestalt von *Mikroabenteuern.* Diese können direkt vor der Haustür stattfinden. *Mikroabenteuer* sind dadurch gekennzeichnet, dass viele Gründe, sie nicht zu unternehmen schlicht wegfallen: sie kosten nicht viel Geld, müssen nicht lange geplant werden – und passen bestenfalls einfach zwischen zwei Arbeitstage. Bei einem solchen Mikroabenteuer, dass genau die Zeit zwischen dem Arbeitsende und dem Arbeitsanfang am nächsten Tag absteckt, kann man auch von einem „Feierabenteuer" (Foerster 2019, S. 114) sprechen – vorher hat man bereits alles eingepackt, was man braucht, und am nächsten Morgen steht man wieder am Arbeitsplatz, vielleicht nicht in der allerbesten Verfassung, aber um ein Mikroabenteuer reicher. Der Begriff Mikroabenteuer stammt von dem Briten Alastair Humphreys, der sich Gedanken darüber gemacht hat, wie sich Alltag und Abenteuer verbinden lassen (Humphreys 2014).

Planen und unternehmen Sie nun Ihre eigenen Mikroabenteuer. Es finden sich in der Literatur dazu vor allem Alltagsabenteuer, die etwas mit der Natur zu tun haben, aber natürlich können sich auch ein Punkkonzert besuchen oder das Museum mit moderner Kunst in der Nachbarstadt, um das Sie bisher immer einen weiten Bogen gemacht haben. Nicht vergessen: Es geht nie darum, die Situation gut zu bewältigen, mit ihr ‚fertig zu werden' – seien Sie stattdessen offen für verändernde Erfahrungen, wie sie das Ungewisse mit sich bringen kann. Die folgenden konkreten Vorschläge lassen sich natürlich beliebig variieren und ergänzen. Sie dienen nur als Anregung (Foerster 2019):

1. Ohne Zelt im eigenen Garten oder auf dem Balkon übernachten: Mit normaler Matratze und Bettwäsche.
2. Eine komplette S-Bahnlinie in der eigenen Stadt entlangwandern: Von der Start- zur Endhaltestelle.
3. Mal den Weg zu einem Freund oder den Eltern nicht mit den Öffentlichen oder dem Auto, sondern mit dem Rad oder zu Fuß zurücklegen.
4. Einfach zum Bahnhof gehen und in den nächsten Zug auf Gleich 5 steigen, mit einem Ticket für 12 EUR einfach mal sehen, bis wo man kommt. Man kann anschließend dort auch dann den weiteren Tag verbringen und sich alles ansehen (natürlich ohne sich vorab informiert zu haben).
5. Eine Bach oder Fluss von der Quelle bis zur Mündung folgen.
6. Auf der Landkarte einen Kreis um den eigenen Wohnort ziehen, und versuchen, ihn möglichst liniengetreu abzugehen.
7. 24 h am gleichen Ort bleiben: Einen Ort aussuchen, an dem Sie nun einen Tag und eine Nacht verbringen wollen, also zum Beispiel an einem bestimmten Denkmal in einem Park.

Literatur

Badiou A, Tarby F (2017) Die Philosophie und das Ereignis. Verlag Turia + Kant, Wien

Foerster C (2019) Mikroabenteuer. Einfach gute Outdoor-Erlebnisse vor der Haustür. Ideen Ausrüstung Motivation. HarperCollins, Hamburg

Han B-C (2009) Duft der Zeit. Ein philosophischer Essay zur Kunst des Verweilens. transcript, Bielefeld

Han B-C (2016) Die Austreibung des Anderen. Gesellschaft, Wahrnehmung und Kommunikation heute. Fischer, Frankfurt a. M.

Humphreys A (2014) Microadventures: local Discoveries for Great Escapes. HarperCollins, New York

Legnaro A (2004) Erlebnis. In: Bröckling U, Krasmann S, Lemke T (Hrsg) Glossar der Gegenwart. Suhrkamp, Frankfurt a. M., S 71–75

Michel W (2006) Verwilderungswünsche, Abenteuerlust und Grenzerfahrungen – Anmerkungen zu Kurt Hahns Begriff der Erlebnistherapie. Spektrum Freiz 30(2):83–91

Schulze G (1992) Die Erlebnisgesellschaft. Kultursoziologie der Gegenwart. Campus, Frankfurt a. M.

Zizek S (2014) Was ist ein Ereignis?. Fischer, Frankfurt a. M.

12

Im Gespräch mit dem Ungewissen

Inhaltsverzeichnis

Während sich in der *Beschaulichkeit* Kap. 10) absichtslos dem Ungewissen genähert und im *Abenteuer* (Kap. 11) nach einer verändernden Erfahrung durch ungewisse Situationen gesucht wird, geht es beim *Gespräch* mit dem Ungewissen um etwas Komplizierteres – um eine Art *resonanten Austausch* mit der ungewissen Situation. Hier haben beide Seiten, die Person und die Situation etwas zu sagen, ist man nur für das *Flüstern der Welt* empfänglich genug. Ein anschauliches Bild für eine solche Resonanz ist die Stimmgabel, die anhand der Schwingungen der Umgebung selbst in Schwingung gerät.

Noch die ausbalancierteste *Ungewissheitstoleranz* will vor allem ,*ihr Ding machen*‘, selbst in einer ungewissen Lage. Diese *„Haltung, welche auf das Festhalten, Beherrschen und Verfügbarmachen eines Weltausschnitts abzielt"* (Rosa 2019, S. 60), so der Soziologe Hartmut Rosa, durchdringt die Gegenwart bis hinein in den konkreten Alltag: Noch in den schwer zu beherrschenden Umständen eines Marathonlaufs ,beherrschen‘ sich viele Läufer derart, dass es ihnen sogar hier noch gelingt, die Umstände

© Springer-Verlag GmbH Deutschland, ein Teil von Springer Nature 2020
N. Spitzer, *Schritte ins Ungewisse*, https://doi.org/10.1007/978-3-662-61138-8_12

zu zähmen und ihr Ziel zu erreichen. Resonantere Personen würde hier vielleicht auch auf das hören, was ihr Knie ihnen dazu flüstert.

12.1 Gute Vibrationen – was Resonanz bedeutet

Es ist nicht ganz leicht, sich diese *Resonanz mit der Welt* anschaulich zu machen. Die Welt erscheint hier nicht als ein stummes Gegenüber, geformt nach den eigenen Absichten, sondern als aktiv antwortend. Im Alltag werden solche Vorstellungen überraschend häufig benutzt: Dieses Gesicht, dieses Buch oder dieser Turnschuh spricht mich an, der Wagen will einfach nicht anspringen. Grundidee ist also: „Ein Subjekt in einer resonanten Weltbeziehung habe das Gefühl aktiv an der Welt teilzuhaben als auch sie verändern zu können und das diese wiederum auf die subjektiven ‚Bedürfnisse, Wünsche und Handlungen antwortet'" (Peters und Schulz 2017, S. 19).

Ein gutes Beispiel für eine solche Resonanz ist der Umgang mit der Natur. Nicht umsonst gibt es die Redewendung von der *Stimme der Natur*, auf die es sich zu hören lohnt. Man finde diese Sehnsucht nach diesem resonanten Verhältnis zur Natur zum Beispiel in der Outdoorbegeisterung, in der Liebe zum eigenen Garten oder den Zimmerpflanzen sowie den Naturheilverfahren.

Und ebenso werden entscheidende Wendepunkte im Leben von Menschen oft als Resonanzerlebnisse erzählt – es sind oft unerwartete Begegnungen mit einem bedeutsamen Gegenüber: *„Dann bin ich diesem Menschen begegnet, habe ich dieses Buch gelesen, bin ich (zufällig) an diesen Verein geraten, hat mich jemand in diese Landschaft mitgenommen, und das hat mein Leben verändert"* (Rosa 2019, S. 51). Warum also nicht auch *ungewissen Situationen* auf eine resonante Weise begegnen? Werden sie antworten?

Resonanz selbst ist ungewiss und verlangt Ungewissheitstoleranz: Alle Vorkehrungen für einen wirklich romantischen oder legendären Abend, für einen unvergesslichen Urlaub mögen stimmen … aber für eine wirklich berührende Erfahrung bekommt man dadurch keine Garantie. Und selbst dort, wo Resonanz eintritt, eine Antwortbeziehung mit einem Stück Welt also gelingt, da lässt sich nicht vorhersagen, wie die Antwort ausfällt. Resonanz ist *ergebnisoffen* – ein anderes Wort für das Ungewisse.

Resonanz entsteht also nicht dort, wo einem immer Recht gegeben wird, alle Wünsche erfüllt werden. Nehmen Sie als Beispiel eine Hauskatze – Resonanzerleben entsteht nur, weil sie eben nicht immer schnurrt, wenn einem danach ist. Einer mechanischen Katze würde dieses eigensinnige Element fehlen – Resonanz mit ihr wäre nicht möglich. Aber gleichzeitig ist die echte Katze doch ein wenig erreichbar. Man kann es ja mal mit dem versuchen, was bei ihr, der Katze, üblicherweise zum behaglichen Schnurren führt … aber ganz sicher ist man nie: „Das für Resonanzbeziehungen charakteristische Element der Unverfügbarkeit verlangt […], sich auf Prozesse einzulassen, deren Eintritt unsicher ist" (ebd., S. 100).

12.2 Ungewissheitstoleranz aus der Perspektive der Resonanz

Selbst dort, wo Personen dank *ausbalancierter Ungewissheitstoleranz* sich ungewissen Situationen halbwegs gelassen stellen und mit ihnen ‚fertig werden', also ihre Ziele auch hier verwirklichen, liegt aus dem Blickwinkel der Resonanz vor allem eines vor – ein *misslungenes Weltverhältnis*.

Das Ringen darum, die eigenen Ziele zu erreichen, artet oft in einem pausenlosen Kampf aus, der nichts Gutes mit sich bringt – selbst da, wo die Welt erfolgreich bezwungen wird, gibt es oft eine Ahnung davon, dass dies nicht alles sein kann: „Ein Gespräch erscheint uns öde und leer, es zieht sich hin; die Familie nervt, die Arbeit stresst, das Wetter ist grau" (Rosa

2016, S. 761). Alles bewältigt, selbst das Ungewisse, aber trotzdem irgendwie unglücklich? Der *zielstrebige Menschen* ist nicht in Einklang mit seiner Umgebung, sondern setzt sich bloß durch in einem „Alltagsbewältigungsverzweiflungsmodus" (Rosa 2019, S. 88): Die Welt erscheint ihm dabei als feindliches Gegenüber, bestenfalls bezwungen, aber sicherlich stumm und kalt.

So ist selbst der erfolgreich *Ungewissheitstolerante* von der Welt entfremdet – er will sie nur beherrschen, dann ist alles sicher, die Ziel erreicht und er fühlt sich erleichtert. Mehr nicht. Ein *gelingendes Weltverhältnis* ist dagegen lebendig, antwortbereit und anschmiegsam – erst dann fühlt man sich in der Welt aufgehoben und getragen. Bei ihm geht es also nicht allein um Selbstbestimmung, auch in ungewissen Situationen.

12.3 Einen resonanteren Umgang mit ungewissen Situationen üben

Resonanz lässt sich nicht garantieren – diese *Eigenwilligkeit* macht sie gerade aus. Sie lässt sich also auch nicht direkt trainieren. Den Vorbedingungen für eine Resonanzerfahrung kann man sich allerdings schon annähern. Lauschend und sensibel aufmerksam sein und sich nicht verschließen, wenn die Welt antwortet –das sind Voraussetzungen für eine *Resonanzerfahrung*. Voraussetzung für Resonanz ist also eine „Offenheit für das Unerwartete" (Rosa 2019, S. 51), für ein plötzliches Aufreißen des Himmels, einen unerwarteten Sonnenuntergang oder ein Gespräch im Supermarkt. Um die Wahrscheinlichkeit von Resonanz im Leben zu erhöhen, diese nur halb verfügbaren Sache, erstellen Sie sich am besten eine Art *Resonanzparcour*, eine Reihe von kleinen Übungen, der die Sensibilität für das fördert, was Ihnen eine Situation zu sagen hat. Es ist eine Fähigkeit, die Sie anschließend auch an ungewisse Situationen herantragen können.

1. Sensibel sein für, das, was ich mir selbst zu sagen habe
Werfen Sie einen Tag lang immer wieder dieselbe Frage an sich selbst auf, flüstern Sie sie sich still zu: „Wozu habe ich eigentlich gerade Lust?" Und lauschen sie nun für eine Weile geduldig auf eine Antwort. Antwortet Ihnen ihr Inneres mit einem Wunsch? Oder passiert einfach gar nichts? Es ist ein Experiment, das der *Achtsamkeitübung* ähnelt, die Sie bereits kennengelernt haben (Abschn. 8.1.2). Nur das hier nicht absichtslos der Wellengang des eigenen Innenlebens beobachtet, sondern aktiv mit einer Frage auf dies

Innenleben zugegangen wird. Man regt das eigene Innere zu einer Antwortbeziehung an – Ende offen.

2. Mit den Dingen flirten
Achten Sie hier auf die Antwortbeziehungen zu den Alltagsgegenständen. Es geht hier darum, die Dinge, mit denen man umgeht, zu verlebendigen, ihnen eine Antwort auf ihre Benutzung zuzugestehen. Leisten die Dinge an einem Tag vielleicht besonderen Widerstand? Will der Wagen heute Morgen nicht so richtig? Sagen Sie zu Ihren Fahrrad manchmal gutmütig überredend: ‚Komm‘ Alter, wollen wir mal wieder‘?

Warum auch nicht? In vielen Büchern werden Dinge als lebendiger angesehen als man es im Alltag so denkt, zum Beispiel bei Rainer Maria Rilke: „Die Dinge sehen sich die menschliche Unordnung und den Lärm schon seit Jahrhunderten an. [...] Sie machen Versuche, sich ihren Anwendungen zu entziehen, sie werden unlustig und nachlässig" (Kimmich 2011, S. 73). Oder denken Sie an die Filme von Charlie Chaplin: Oft wirken die Dinge in den Händen seiner Figuren „wie gezähmte Tiere, die plötzlich kooperieren und zu Komplizen werden" (ebd., S. 93).

Achten Sie also an einem Tag in der Woche besonders auf das freiwillige Einlassen der Dinge: Sagen sie ‚na gut‘ und lassen sich benutzen? Schnurren sie manchmal vielleicht sogar? Oder sind sie besonders sperrig: Will es an diesen trüben Tag wieder einfach nicht hell werden? Achten Sie darauf, wo Sie wie selbstverständlich Dinge verlebendigen.

3. Stimmungen spüren
Stimmungen gelten im Alltag als so etwas wie länger anhaltende Gefühle ohne einen konkreten Auslöser: Man ist eben einfach gut oder mies drauf, irgendwie melancholisch, schon seit drei Tagen. Für die Übung wird nun ein anderes Verständnis von Stimmungen wichtig – danach sind sie etwas *zwischen* einer Situation und einer Person. In ihnen verbinden sich das Gefühl einer Person mit der Atmosphäre einer Situation – düstere oder heitere, warme oder kalte Stimmungen sind Ergebnis einer Verständigung von Person und Umgebung: „Die Stimmung kommt also nicht einem isolierten ‚Innenleben‘ des Menschen zu, sondern der Mensch ist einbezogen in das Ganze der Landschaft, welches wiederum nichts losgelöst Bestehendes ist, sondern in eigentümlicher Weise auf den Menschen zurückbezogen ist" (Rosa 2016, S. 636). Irgendwie ‚gestimmt sein‘ ist selbst schon Ausdruck einer Resonanzerfahrung

Trainieren Sie in den nächsten Tagen ihr *Gespür für Stimmungen.* Bewegen Sie sich also durch die Tage und achten immer mal wieder auf die leisen Stimmungen, die in einer Situation präsent sind – und fragen Sie sich:

wie kommen hier subjektives Gefühl und äußere Atmosphäre eigentlich zusammen? Verbindet sich die eigene Müdigkeit mit dem trüben Regenwetter vor dem Fenster vielleicht zu einer melancholischen Stimmung?

Literatur

Kimmich D (2011) Lebendige Dinge in der Moderne. Konstanz University Press, Konstanz

Peters CH, Schulz P (2017) Einleitung: Entwicklungslinien des Resonanzbegriffs im Werk von Hartmut Rosa. In: Peters CH, Schulz P (Hrsg) Resonanzen und Dissonanzen. Hartmut Rosas kritische Theorie in der Diskussion. transcript, Bielefeld, S 9–28

Rosa H (2016) Resonanz. Eine Soziologie der Weltbeziehung. Suhrkamp, Berlin

Rosa H (2019) Unverfügbarkeit. Residenz Verlag, Wien

13

Zehn häufig gestellte Fragen zur Ungewissheitstoleranz

1. Ungewissheit und Ungewissheitstoleranz – was ist das eigentlich?
Ungewissheit ist *eine Form des Unklaren.* Im Leben können grundsätzlich sehr verschiedene Dinge im Unklaren bleiben: Sachverhalte aus der Vergangenheit (wann bin ich eigentlich eingeschult worden?), Gegenwart (wo habe ich denn jetzt wieder die Schere hingelegt?) und Zukunft (wird die Krise schnell vorübergehen?). Bei *Ungewissheit* sind nun zukünftige Ereignisse unklar: Man weiß einfach nicht genau, was auf einen zukommt (Kap. 1).

Ungewissheitstoleranz bezeichnet das Ausmaß, in dem sich Menschen mit ungewissen Situationen arrangieren können. Es handelt sich um eine Eigenschaft, die nicht jeder in gleichem Maße besitzt – manche Menschen können das Ungewisse gut, andere weniger gut tolerieren (Kap. 2).

Eine *geringe Ungewissheitstoleranz* oder *Intoleranz gegenüber Ungewissheit* zeigen nun Personen, die das Ungewisse besonders beunruhigt. Eine *geringe Ungewissheit* lässt sich im übertragenen Sinn als eine *psychische Allergie* gegenüber Ungewissheiten ansehen, bei der die betroffenen Personen schon auf eine sehr kleine Prise Ungewissheit in der Umwelt mit Angst, Sorgen oder angestrengten Versuchen, erneut Gewissheit zu erlangen, reagieren (Abschn. 2.2).

© Springer-Verlag GmbH Deutschland, ein Teil von Springer Nature 2020
N. Spitzer, *Schritte ins Ungewisse,* https://doi.org/10.1007/978-3-662-61138-8_13

2. Ungewissheit – ist das nicht das Gleiche wie Zufall, Unsicherheit oder Risiko?

Alles diese Begriffe haben wirklich etwas gemeinsam – sie beschreiben Umstände, in denen nicht alles vorhersagbar oder bestimmbar ist. *Ungewissheit*, um die es hier geht, ist nur ein Mitglied aus der großen Familie des Unbestimmten.

Trotzdem meinen sie nicht genau dasselbe. *Unsicherheit* ist sicherlich das im Alltag gebräuchlichere Wort, um eine unklare Zukunft zu bezeichnen. Bei ihr geht es vor allem um *Gefahren,* mögliche negative Ausgänge in der Zukunft (z. B. unsichere Renten). *Ungewissheit* ist hier neutraler und bezeichnet auch die Unklarheit über mögliche positive oder neutrale Ausgänge einer Situation.

Mit dem *Risiko* teilt *das Ungewisse,* dass in beiden Fällen die Ausgangsmöglichkeiten einer Situation bekannt sind (Es wird morgen regnen oder trocken bleiben). Damit unterscheiden sich beide von der *Unwissenheit,* bei der diese Ausgangsmöglichkeiten nicht bekannt sind. Nur kann man beim Risiko auch noch die Wahrscheinlichkeiten für diese Ausgangsmöglichkeiten bestimmen (laut Wetterbericht wird es mit großer Wahrscheinlichkeit morgen nicht regnen). Durch das *Wahrscheinlichkeitsdenken* bringt das

Risiko eine neue Vernünftigkeit mit sich: Bei Handlungen unter Risiko hilft nun statistisches Denken. Vernünftig erscheint es nun, Handlungen auszuwählen, die wahrscheinlich zu einem guten Ergebnis führen (Abschn. 7.3).

Ein *Zufall* bedeutet dagegen etwas Unvorhergesehenes, etwas, womit man nicht gerechnet hat – im Guten wie im Schlechten. Vergleicht man das *Zufällige* mit dem *Ungewissen,* dann fällt ihr Unterschied bezüglich dieses *Unerwarteten* auf: Etwas Zufälliges kann immer dazwischen kommen – aber mehr als dies allgemeine Wissen, dass immer wieder etwas Unvorhergesehenes überraschend eintreten kann, ist hier nicht bekannt. Beim Ungewissen dagegen weiß man, was alles kommen kann, man kennt eben die Ausgangsmöglichkeiten, aber nicht mit welcher Wahrscheinlichkeit etwas davon eintreten wird.

3. Lässt sich Ungewissheit nicht vielleicht komplett vermeiden und ein völlig sicheres, gewisses Leben führen?
Gerade Personen mit einer *geringen Ungewissheitstoleranz* träumen oft von einem völlig sicheren Leben, in dem die ganze Zukunft klar und planbar ist. Wahrscheinlich ist das aber nicht möglich – und das hat vor allem *zwei Gründe:*

Zum einen lassen sich Ereignisse in der Welt oft nicht genau vorhersagen: Wird es morgen regnen? Wird das eigene Auto morgen früh anspringen? Werde ich mich beim Einkauf mit diesem neuen Virus infizieren? Schon zukünftige Entwicklungen in der Dingwelt lassen sich nicht ganz genau vorhersagen. Und wenn es schon bei den physikalischen Ereignissen so ist – wie viel ungewisser sind erst die Reaktionen von Menschen: Schließlich kennt man wohl nie alle Motive eines Gegenübers, um aus ihnen seine oder ihre Reaktion völlig sicher abzuleiten.

Zum anderen steht jede Person im Alltag unter *Handlungsdruck.* Menschen haben nur sehr selten genug Zeit, um wirklich alle Informationen einzuholen, bevor sie eine Entscheidung treffen – sie müssen sich entscheiden, den Urlaub endlich buchen, auch wenn noch nicht wirklich alle Bewertungen von restlos allen Urlaubsquartieren in Griechenland gelesen worden sind. So ist Ungewissheit im Alltagsleben wohl eine unvermeidliche Erscheinung. Und es lohnt sich, gut mit ihr umgehen zu können.

4. Hat Ungewissheit nicht auch eine gute Seite?
Ungewisse Situationen können auch spannend oder vergnüglich sein, ein Nervenkitzel. Der *Reiz des Ungewissen* durchzieht zum Beispiel alle Sportarten, ob nun Schach oder Rollenspiele, Fußball oder Konsolenspiele. Sport und Spiel sind sozusagen das organisierte Ungewisse, an dem sich schon

mit einer Eintrittskarte teilnehmen lässt. Aber nicht nur in diesem Lebensbereich wird das Ungewisse gewöhnlich genossen: Das Auspacken eines Geschenks ist eher angenehmer Nervenkitzel als quälende Ungewissheit. Für gewöhnlich will auch niemand am Anfang eines Buchs oder eines Films schon wissen, wie sie ausgehen (Abschn. 2.1).

Gerade bei *geringer Ungewissheitstoleranz* wird dieser reizvolle Aspekt des Ungewissen häufig übersehen, so sehr steht dessen dunkle Seite im Vordergrund (Abschn. 2.4). Dabei können natürlich auch bei einer insgesamt geringen Ungewissheitstoleranz positive Ungewissheiten genossen werden, meist klingt aber bei ihnen auch hier eine vage Besorgnis nicht ganz ab. Sich wieder vermehrt mit den vergnüglichen Ungewissheiten auseinanderzusetzen, ist sogar ein wichtiger Schritt bei der Veränderung geringer Ungewissheitstoleranz.

5. Was macht eine geringe Ungewissheitstoleranz eigentlich zu einer Belastung?

Eine *geringe Ungewissheitstoleranz* wird zu einer Belastung, weil durch ihren verzerrenden *gedanklichen Filter* (Abschn. 2.3) schon alltägliche ungewisse Situationen übertrieben negativ erscheinen: Schon kleine Mengen an Ungewissheit werden als bedrohlich oder belastend bewertet und man traut sich nicht zu, mit ihnen fertig zu werden. Ungewisse Situationen erscheinen so in einem sehr negativen Licht.

Daher erleben die Betroffenen angesichts ungewisser Situationen oft *Angst* (Abschn. 6.1), machen sich *Sorgen* (Abschn. 6.3) und versuchen durch *Vergewisserungsverhalten* (Abschn. 6.2), die ungewisse Situation zu beseitigen und wieder Gewissheit herzustellen. Durch diesen anstrengenden Umgang mit ungewissen Situationen sind Personen mit geringer Ungewissheitstoleranz immer einem höheren *Stress* (Abschn. 6.5.1) ausgesetzt und daher auch anfälliger für psychische Erkrankungen.

Inzwischen hat sich gezeigt, dass *Intoleranz gegenüber Ungewissheit* wohl ein wichtiger Vulnerabilitätsfaktor für viele psychische Probleme ist: Menschen werden durch sie z. B. anfälliger für eine generalisierte Angststörung, für Zwangsstörungen oder soziale Phobien (Abschn. 6.5).

6. Lernt man eine geringe Ungewissheitstoleranz in der Familie?

In der Forschung weiß man noch sehr wenig über die Entstehung *geringer Ungewissheitstoleranz*. Eine Spur führt allerdings wirklich zurück in die Kindheit: Insgesamt erwerben gerade Kinder von überbehütenden, sehr kontrollierenden, aber auch unsicher bindenden Eltern, so die ersten

Vermutungen, eine geringe Toleranz gegenüber ungewissen Lagen (Abschn. 3.4).

Es wird aber auch zu einer möglichen Erblichkeit menschlicher *Risikoscheu* geforscht und ebenso angenommen, dass Kinder in der Schule schlecht auf den Umgang mit ungewissen Situationen vorbereitet werden. So werden sie schlecht auf eine wenig klare Welt voller Wahrscheinlichkeiten vorbereitet – und erwerben keine *Risikokompetenz.*

7. Hat eine geringe Ungewissheitstoleranz nur ein Gesicht?

Es lassen sich eine ganze Reihe von *Formen geringer Ungewissheitstoleranz* unterscheiden, je nachdem welche Grundüberzeugungen bezüglich des Ungewissen im Vordergrund stehen.

Eine gefahrensorientierte Ungewissheitsintoleranz basiert z. B. auf der Überzeugung, dass ungewisse Situationen bedrohlich sind, weil sie wahrscheinlich einen negativen Ausgang haben werden – und dieser negative Ausgang wird auch noch extrem schlimm, letztlich überwältigend ausfallen. Eine *selbstwertorientierte Ungewissheitsintoleranz* hingegen basiert vor allem auf der Überzeugung, dass es ein schlechtes Licht auf die eigene Person wirft, dem eigenen Leben nicht dauerhaft Sicherheit und Gewissheit verleihen zu können (Abschn. 5.2).

Eine *außengerichtete Ungewissheitsintoleranz* geht davon aus, dass andere Personen oder Gruppen eigentlich für die eigene Gewissheit und Sicherheit im Leben verantwortlich sind. Dies ist eine Form geringer Ungewissheitstoleranz, die eher mit Ärger als mit Angst verbunden ist. Eine *selbstgerichtete Ungewissheitsintoleranz* hingegen macht nur sich selbst für das Vorliegen von Gewissheit oder Ungewissheit verantwortlich (Abschn. 5.3).

8. Was kann ich für eine höhere Toleranz gegenüber Ungewissheit unternehmen?

Ungewissheitstoleranz lässt sich verbessern. Das hier vorgestellte Programm zur Verbesserung der Ungewissheitstoleranz legt den Schwerpunkt darauf, *die zentralen sechs Überzeugungen eine geringen Ungewissheitstoleranz* zu verändern – ihren *gedanklichen Filter,* der ungewisse Situationen gefährlich und anstrengend erscheinen lässt (Abschn. 2.3). Mittels kognitiven Umstrukturierungen, also Übungen zur Veränderung des eigenen Denkens, und praktischer Übungen lässt sich lernen, ungewisse Situationen nicht mehr als übermäßig bedrohlich anzusehen. Und sich auch nicht mehr so hilflos ihnen gegenüber zu fühlen. Wer dem vorgeschlagenen Programm folgt, lernt, das eigene starre *Gewissheitsverlangen* kritisch zu hinterfragen, schließlich einen neuen *Sinn für das Ungewisse* zu entwickeln – und diesen mit vielfältigen Übungen so zu vertiefen, dass er auch ‚emotional ankommt‘ (Kap. 9–12). Wie weit jede Leserin und jeder Leser dabei gehen möchte, kann sie oder er völlig frei auswählen. Außerdem bietet das Programm Selbsthilfeübungen, um aus ungewissen Situationen doch noch ein Höchstmaß an Gewissheit herauszulesen (Kap. 8).

Erste Forschungsergebnisse für ein ähnliches Trainingsprogramm sind vielversprechend. Es lohnt sich also, es selbst zu versuchen. Bei zusätzlichen psychischen Beschwerden wie starken Ängsten, Zwängen oder Depressionen sollte allerdings auch eine Psychotherapie in Betracht gezogen werden.

9. Sollte man dem Ungewissen nicht am besten mit Vertrauen begegnen?

Vertrauen lässt sich wirklich als eine *Strategie zur Bewältigung von Ungewissheit* verstehen. In gewisser Weise ist Vertrauen eine Alternativstrategie zu einer ausgeprägten *Ungewissheitstoleranz*, die ebenfalls hilft, das Unklare besser zu ertragen. Durch Vertrauen reduziert man den Möglichkeitsbereich denkbarer Folgen einer ungewissen Situation – und zwar auf relativ positive Ausgänge: Die Sache wird schon gutgehen … andere Menschen werden schon Unterstützung gewähren, die Gerichte sich an die Gesetze halten, die Zukunft schon nicht so schlimm werden und man selbst schon alle nötigen Fähigkeiten aufweisen, um mit dem Kommenden fertig zu werden.

Ob nun Vertrauen auch eine sinnvolle Strategie ist, das ist beachtlich umstritten: Die, die vertrauen, gehen damit stets das Risiko ein, enttäuscht zu werden. Insgesamt lässt sich Vertrauen also als eine zwar riskante, aber oft durchaus erfolgreiche Strategie zur Ungewissheitsbewältigung verstehen. Mit einem kleinen Gedankenexperiment kann jeder dies für sich selbst leicht spürbar machen: Wie sieht es z. B. mit Ihrem *Vertrauensvorschuss* für das autonome Fahren aus? Würden Sie sich in ein selbstfahrendes Auto setzen?

10. Muss ich mich nun komplett umkrempeln und das Ungewisse lieben lernen?

Eine *gut ausbalancierte Ungewissheitstoleranz* zu entwickeln bedeutet gerade nicht, sich von nun an dem Ungewissen begeistert in die Arme zu werfen.

Personen, die mit einer ausgesprochenen *Ungewissheitsbegeisterung* das Risiko suchen, werden häufig als *Sensation Seeker* oder *Edgeworker* bezeichnet (Abschn. 2.1). Sie haben aktuell den *Zeitgeist* auf ihrer Seite – und suchen das Risiko beim Steilwandklettern oder Fallschirmspringen. Aber auch unter risikoreichen Berufen wie den Börsenmaklern findet man sie.

Viele psychologische Experimente weisen aber darauf hin, dass Menschen im Allgemeinen Gewissheit der Ungewissheit eher vorziehen (Abschn. 2.2) – eine gewisse *Risikoscheu* ist also ganz normal. Ziel des Buch ist es daher, eine geringe Ungewissheitstoleranz abzubauen und sich mit dem unausweichlichen Ungewissen im Alltag einigermaßen und ohne große Belastungen arrangieren zu können, ganz nach der Maxime: Ungewissheit ist zwar gewöhnlich kein Vergnügen, aber sie lässt sich trotzdem ohne große Angst und Sorgen tolerieren. Wenn es denn sein muss.

Stichwortverzeichnis

© Springer-Verlag GmbH Deutschland, ein Teil von Springer Nature 2020

N. Spitzer, *Schritte ins Ungewisse*, https://doi.org/10.1007/978-3-662-61138-8

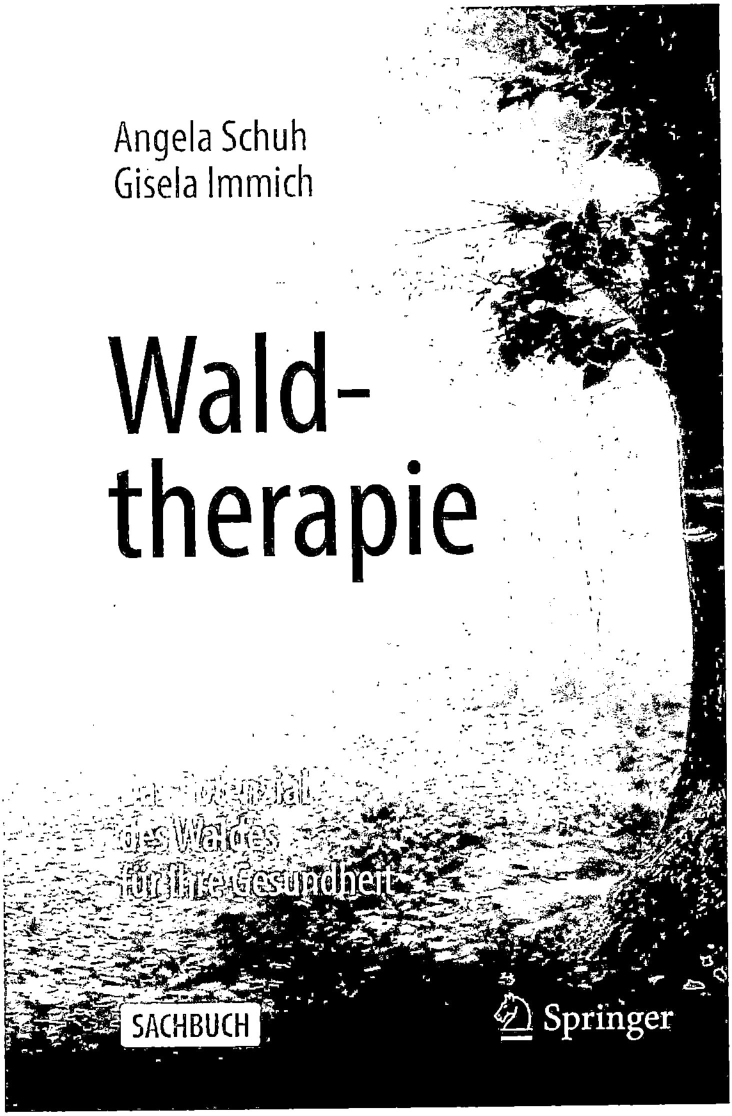